離れて暮らす親と上手に付き合うための本

看取りサポート
三村麻子

永岡書店

はじめに

コロナ禍が長く続いたことで家族関係、とくに「70代以上の高齢の親」と「子」の関係にはさまざまな変化が生じました。心配だ、さみしいなどデメリットばかりが取り上げられがちですが、一方ではこんな世の中だからこそ親子の結びつきが強くなったというケースも少なくありません。実際、ご家族の終活をサポートする者として日々を過ごすなか、私自身は**コロナ以前よりも家族愛を再認識する機会が増えた**と強く感じています。

とくに親と離れて暮らしている人の場合、移動制限が敷かれたことによって会いたいのに会えないという焦り。万が一、親が感染してしまったら、一度も会えないまま亡くなるかもしれないという危機感。もっと親孝行しておけばよかったという後悔――そんな思いを募らせて、もともと親思いだった人もそうでなかった人も、自分がこれまでに親から受けた愛情を思い返してその身を案じ、なんとかして会いたいと思った人が多かったのではないでしょうか。いわば新型コロナが世界中の家族愛を掘り起こしたのです。本書のタイトルにもある**「離れて暮らす親と上手に付き合う」には、まさにその家族愛がすべての土台であり、それなくしては成り立たない**ことを、ぜひみなさんに知ってほしいと思います。

また、新型コロナの影響による家族交流の断絶が、高齢者の認知機能を下げてしまうことがわかって社会問題になりました。つまり、高齢者の認知機能は、家族からの声かけだったり、一緒に食事をとることだったり、楽しみを共有することだったりと、本当にささやかな、けれども深い愛情によって支えられていたことが図らずも証明されたのです。

こうした事実を踏まえてうかがいます。

あなたは現在、親御さんとどんな関係を築いていますか？

コロナ禍を経てもなお「親子関係なんて、あまり深く考えたことがない」という方もいるかもしれません。でも、親が高齢になったら、とくに70歳を過ぎたら、それまでの関係を見つめ直すとともに、お互いに愛情をかけ合い、支え合う関係を築いておくのが理想です。将来的に親の体が不自由になったとき、介護という現実を親自身が、そして誰よりあなた自身が心豊かに乗りきるためには、それまでに築いてきた関係が大きな力となるからです。

そもそも高齢の親の世話をしたり、介護をしたりすることは、子の負担でしかないと考える傾向のある日本では、いま一度親子の絆を見つめ直し、豊かな関係になるように再構築する必要があると、私は常々感じています。

たとえいま現在の親子関係がどうであれ、親の愛をしっかり受けて育った子は、無意識のうちに積み重ねてきた〝愛情貯金〟を〝恩〟という名の愛で返すことができます。そのためにも、まずはこれまで親から受けた数々の愛情を思い返すとともに、その背景にある親の想いを想像してみましょう。

たとえば、「中学や高校の頃、お母さんは毎日お弁当を作ってくれていたけれど、毎朝いったい何時に起きていたんだろう」とか。あるいは、「兄弟二人とも東京の大学へ通わせてくれたけれど、うちの収入だと苦しかったんじゃないかな」とか。このように「親にしてもらって当たり前」だと思っていたことが、自分が大人になって初めて、それが子を想う深い愛情から来るものだったと理解できるでしょう。こうして**過去に受けた愛情を思い返したうえで親と向き合えば、ポジティブな気持ちで親子関係の新たな一歩を踏み出すことができる**はずです。

そしていざ親に介護が必要になったとき、サポートがいるのは「体」「生活」「心」の3つです。このなかで、体については介護のプロが世話をしてくれます。生活も介護のプロが、ある程度まで支援してくれるでしょう。しかし、心だけは家族の愛情がないかぎり、いくらお金を出しても満たすことはできません。つまり、**家族にしかできない大切な役割が「愛情を注**

ぐこと」なのです。そのことを念頭に置いて、本書を読み進めていただけたら幸いです。

三村　麻子

本書ではまんがや本文中に「親」「子」「孫」を指す言葉が頻出しますが、「誰から見た親か？」「誰の子どもか？」といった混同を防ぐために、それぞれ以下の表記を原則とし、文脈に応じて使い分けています。

●おもに70歳以上の高齢者世代…………「親」「祖父母」など
●おもに30代～60代の現役世代…………「子」「あなた」など
●おもに20代までの若い世代…………「子ども」「孫」など

また、滞在型の介護施設の利用については、最近の介護業界の傾向から「入所」という表記ではなく「入居」に統一しましたので、あらかじめご了承ください。

もくじ

第2章

親が元気なうちにしておくべきこと

第1章

もしも親が〝一人暮らし〟になったら

本書に登場する人々

三村麻子（みむら・あさこ）

看取りとお葬式のプロフェッショナル。看取りの水先案内人（看取りサポート）として、高齢者とともに生きる家族の悩みに対して、さまざまな面からサポートを行っている。

50代に入ってからは、元同級生の相談に乗ることも増えてきた。今日も高校時代の友達とランチ会の予定だったのだが……。

えつこさん（専業主婦）

義父が亡くなり、義母が一人暮らしになったので、夫が同居したいと言い出した。義母との関係は良好だが、同居には何となく不安を感じている。

かおりさん（パート勤務）

父親は遠方で一人暮らし。妹が父の近くに住んでいて世話を焼いてくれているが、いつまでこの状態を続けられるか心配している。

めぐみさん（会社員）

独身で一人娘。親とは離れて暮らしている。両親は心身ともに健康で問題もとくになく、友人たちの悩みも他人事と思って聞いていたが……。

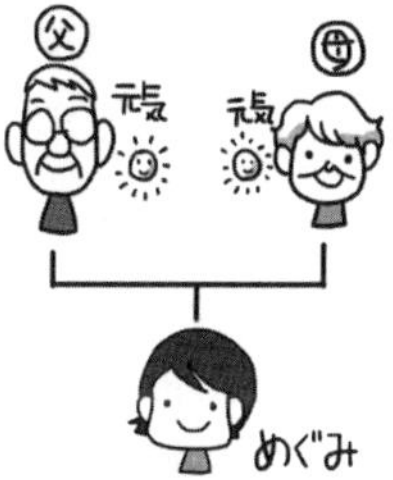

よしえさん（パート勤務）

義理の父に、苦手意識を持っている。昔から気難しい人だったが、最近ますますひどくなり、どう対応していいかわからず夫とともに悩み中。

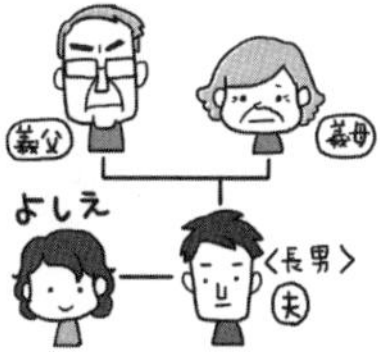

えつこさんの場合
★えつこさんは…
・専業主婦
・義母との同居を考えている
・ご近所の目が気になる
義父
義母
えつこ
夫が長男
妻
夫
兄
弟
今日は高校時代の友達とランチ
ハッハッ
タタタ…
なのに……遅くなっちゃった
はぁ
ごめんなさい！
はぁ
きたきた

おそーい
待ってたよー
久しぶりー
もー お腹 すいたぞー
遅刻は あいかわらずね
元気にしてた?
三村 麻子
えへ ごめんね
うん元気 あいかわらず!
アハハハ…
ワイワイ
ワイワイ
ところで えつこ 年賀状…… お義父さま 大変だったのね 知らなかった
喪中だったでしょ?

そーなの
半年ほど
闘病してた
お義父さんが
亡くなって
最近
やっと落ち着いたかな
ただ
その後がね……
これまでは
二人暮らしで
仲良くやってたのね
だけどお義母さんが
一人になって
夫が急に
同居したいって
言い出したの
母さんを
一人にはしておけないから
え?

高齢者の希望の住まい▶ P27〜29　“遠距離恋愛”が理想の関係▶ P24〜26

同居が難しい理由▶ P30〜35

一人暮らしのデメリット▶ P39〜41

ただしー
デメリットに気を取られて
メリットが見えなくなっては元も子もないわ！
情報不足については〝週に1、2回は連絡を取る〟
もしもしお義母さん？
あらえつこさん
家事については〝調理器具をIHにする〟古い暖房器具は〝新しいものに買い替える〟
など対策を講じればクリアできる問題もたくさんあるわよ
ホッ…

“親としての立場”を優先する▶ P36〜38

親が元気なうちは〝遠距離恋愛〟が理想の関係

高齢の親と離れて暮らしている人にとって、親との付き合い方は常に気になる問題といえるでしょう。「そろそろ親との同居を考え始めているけれど……」といった相談を私自身もこれまでたくさん受けてきました。まずはじめに結論から申し上げると、親がまだ元気なうちは断然別居、その後、両親のどちらかが亡くなっても、親には一人暮らしをしてもらうことを、私はおすすめします。

親子関係でいちばん大切なのは、愛情です。愛情さえあれば、お互いに思いやりを持ち、気にかけ合い、優しくなれるからです。ところが、一緒に住んでいて毎日顔を合わせていると、どうしても良い面が見えづらくなり、お互いを気遣い合うどころか、時には傷つけ合ってしまうことも少なくありません。

一方、離れて暮らす親とは「愛情はあるけれど、ちょっと離れて住んでいるだけで、いつもお互いのことを気にかけていますよ」という関係が築きやすいのです。つまり、**親が元気なうちは〝遠距離恋愛〟が理想の関係**といえます。

もちろん、実際の距離は近いほど安心です。とくに小さな子どもを持つ家族は車で20分〜30分以内という〝近居〟なら、親が育児の強力な助っ人にもなってくれるはずです。一般的には、遠くに住む親が子の家族の近くに移ってくるのは難しいかもしれませんが、たとえば親が転勤族だった場合は、引っ越しに慣れている分だけ気軽に転居できると思いますので、ぜひ選択肢に入れてみてください。

ちなみに、高齢の親がいる世代は、自分自身もまた家庭を築き、子どもがいる方が多いはずです。詳しくは後述（33〜35ページを参照）しますが、とくに小・中・高校生がいる家庭は、親と生活のリズムが違いすぎるため、同居生活はどこかで無理が出てきてしまうことを覚えておきましょう。

memo

適正な距離感を持っていれば
お互いの愛情が長く維持できる。

高齢者の大半が老後も自宅暮らしを希望

親との同居に踏み切るきっかけとして、その多くは高齢の父、または母が亡くなり、どちらか一方が残されたときでしょう。これはおそらく、子が「年老いた親を一人で残してはおけない」と思うからです。

では実際のところ、高齢者側の意識はどうなのでしょうか。数字で見てみることにしましょう。

内閣府が発表している「高齢者の生活と意識に関する国際比較調査」によると、60歳以上の高齢者のうち、身体機能が低下したときに望む住居形態として、**全体の6割近くの人が「自宅にとどまりたい」と答えています。**

ほかの選択肢には「老人ホームへ入居したい」「高齢者用住宅へ引っ越したい」「病院に入院したい」などがあり、この3つで全体の約3割を占めています。一方、「子の住宅へ引っ越したい」、つまり子の家族との同居を望んでいる人は、わずか1％弱に過ぎません。

また、東京都福祉保健局では、都内に住む65歳以上の高齢者を対象に「介護が必要になったときの高齢期の住まい」を調査しています。こちらは、**全体の5割弱の世帯が「現在の住宅に住み続けたい」**と答えています。ちなみに、この調査によると「介護保険で入居できる施設（特別養護老人ホームなど）に入所したい」と「高齢者向け住宅（サービス付き高齢者向け住宅、有料老人ホームなど）に入居したい」が合わせて全体の約3割、「子供や親族の家またはその近くの一般の住宅に移りたい」と希望している人は２％弱という結果が出ています。

その他の類似した調査を見ると、地方都市では子の家族との同居を望む人の割合がもう少し高くなりますが、全国的には、別居を希望する高齢者の数は増加傾向にあります。

では、いったいなぜ同居に対する高齢者の意識が低いのか、その理由について次のページから解説していきましょう。

memo

子の家族との同居や、施設への入居より「老後も自宅暮らし」が圧倒的に人気。

住み慣れた生活圏でこそ幸せに暮らすことができる

親と別々に暮らしていても、たとえば車で20分～30分ほどの距離に住んでいて、日常的に顔を合わせているという方もいらっしゃると思います。このように、もともと近くに住んでいたという場合は、その後の同居生活がうまくいくケースもあるでしょう。長年、田舎暮らしをしていた親が、生活のスピードや空気感など、まるで別世界の大都市へ出ていくのとは、わけが違うからです。

一方、計画的に同居の準備をしてきた家族は別として、突然同居を選択する場合、親は長年続けてきた生活のスタイルを子の家族に合わせて変えなくてはいけません。また、たくさんの知人や友人がいるコミュニティーから出ていくことにもなってしまいます。若い人のように、すぐに新しい人間関係を築けるわけではありませんので、周囲に同世代の理解者がいないというストレスは、想像以上のものがあるでしょう。

それだけではありません。親は家の近くで見られる景色に、強い思い入れがあるはずです。窓から毎日見ていた外の様子、散歩で歩くコース、町の風景。人は高齢になればなるほど、見慣れた景色に安心感を覚えるものです。仮に、コミュニティーをそっくりそのままどこかほかの土地へ移して生活ができたとしても、郷愁の念から逃れることはできないでしょう。東日本大震災で被災し、仮設住宅や別の地域で暮らしている方々が、まさにそうだからです。

高齢者が老後も自宅暮らしを望むのは、こうした理由で自ら積極的に選んでいることが多く、「子の負担になりたくない」という消極的な理由は少数派です。したがって、何十年も別々に暮らしてきて老後だけ一緒に住むのは、子の思いとは逆に、**別居よりも親に寂しい思いをさせてしまう可能性もある**のです。

memo

親世代の大半は、積極的な理由で老後も自宅暮らしを望んでいる。

途中からの三世代同居はどこかで必ず無理が生じる

生活圏が同じなら同居がうまくいくこともあると述べましたが、それでも注意すべき点はあります。それは孫の存在です。

「親」「子」「孫」という三世代同居は、孫の情操教育や経済的な面でメリットが大きいものの、その恩恵を受けられるのは、孫が生まれる前や、未就学児の頃から同居している家族がほとんどです。孫がある程度成長した段階で一緒に住む場合、祖父母とはライフスタイルに相当な違いがあるため、デメリットについても考えなければいけません。

とくに**孫が小・中・高校生の場合、祖父母の生活に合わせるのには無理**

があります。たとえば、若い世代なら家族の誰かがそばにいても、黙々とスマートフォンをいじったり、イヤホンで音楽を聴いたりする光景が日常的になってきましたが、祖父母の世代にとっては「自分の存在が拒否されている」と映るのです。こうしてコミュニケーションがうまくいかず、次第に疎外感を覚えて引きこもりがちになり、ついにはうつ病を発症してしまった方も実際にいらっしゃいます。これは決して珍しいケースではなく、誰にでも起こりうることなのです。

親と一緒に住めば生活費が抑えられますし、相続時に[*]小規模宅地等の特例が使えることもあるなど、同居には経済的に有利な面もあります。それでも、安易に同居を選択した結果、親がうつになったり、家族が不仲になってしまっては元も子もありません。**無理な同居生活を押し通せば、どこ**

かで亀裂が生じます。そうなってから慌てて同居を解消しても、関係の修復は難しいでしょう。

一方、孫がまだ未就学児だったり、大学生や社会人だったりすれば、祖父母の生活リズムに合わせられるので破綻するリスクも低くなります。それどころか、少しずつ交流を図るなどしっかりと計画的に進めれば幸せな同居生活が実現できるケースもあるので、ぜひ検討してください。

＊被相続人の居住用宅地を同居する親族が相続する場合、宅地のうち330㎡までの部分について評価額を80％減額できる制度（2023年1月現在）。

memo

小・中・高校生の孫がいる家庭は安易に同居を決めないほうがよい。

親・子・夫・妻など自分の立ち位置の再確認を

子として親を心配する気持ちは、もちろん大切です。それでも、子どもがいる方は、自分自身もまた「親」であることを、どうか忘れないでください。

とくに小さな子どもにとって、親はライフラインそのものです。あなたがいないと生きていくこともままならない子どもと、老いたとはいえ社会生活が成り立っている親のどちらを優先すべきかは明らかでしょう。**親が元気なうちは自分の子どもを利き手で支えつつ、反対側の腕で親を支えるというイメージが、力の配分としては理想**です。同居を考えている方は、「親としての立場をまっとうできるか」と、自分の立ち位置を踏まえてよく検討してみてください。さらに男性なら「夫」として、女性なら「妻」としての役割まで含めて考慮してみましょう。

これから先、まだまだお金も手間もかかる子育ての途中で、親に介護が必要になるときが来るかもしれません。それでも**精神的・経済的に親と子どもを支え続ける力量が自分にあるかどうか、できるだけ客観的に判断してください。**厳しいことをいえば、こうした自分の立ち位置を整理できていない人ほど、5年先、10年先をよく見極めないまま、安易に同居をしたがる傾向があります。

多くの方はこの段階で自信を持つことができないため、同居は選択肢から外れます。一方、分析の結果、「何があっても絶対に大丈夫」という自信があり、かつ配偶者の理解が得られたら、同居に踏み切っても心配ないでしょう。

ただし、親に介護が必要になってから、安価で利用できる特養（特別養護老人ホーム　※226～230、234ページを参照）への入居を希望しても、同居の場合は「介護者あり」と判断されるため、なかなか順番が回ってきません。高齢の親との同居には、そこまで含めた覚悟が求められるわけです。

memo

自分もまた「親」である以上、絶対的に子育てを優先すべき。

高齢者世帯の最大のデメリットはコミュニケーション不足と火事

ここまで、同居をおすすめできない理由ばかり書いてきましたが、もちろん高齢者のみで生活するデメリットもあります。まず考えられるのは、親のメンタル面、身体面の情報が得られにくいことです。一緒に住んでいたり、家が近所で頻繁に顔を合わせているのであれば異変にすぐ気づくでしょう。一般的には顔を合わせる頻度が低いほどデメリットは大きくなるといえます。

ただし、たとえ遠くに住んでいても、親に対して関心を持っていれば、心配には及びません。たとえば、**週に1、2回は電話やビデオ通話で連**

絡を取り合うことで、実際には会うことができなくてもコミュニケーション不足はある程度解消できます。さらに、食事のペースや生活のリズムなど、丸一日以上一緒に過ごさないと見えてこないことがありますので、**最低でも年に3、4回以上は顔を合わせましょう。**そうすれば何より認知症の初期症状も見逃さずにすみ、親の身に起きているわずかな異変も敏感にキャッチできるはずです。

また、高齢者世帯では火事も大きなリスクです。消防庁の「消防白書」によると、住宅火災による死者の約7割は65歳以上ですので、しっかりと対策を施しておきましょう。たとえば、キッチンに自動消火機能つきのガスコンロや、ＩＨクッキングヒーター、電気ケトルなどを導入する。石油ストーブなど古いタイプの暖房器具を使っていたら、エアコンや電気カーペット、オイルヒーターなどに買い替える。配線の補修工事をして漏電を防ぐ。さらに、電気機器の上にホコリがたまっていたら取り除く。喫煙者なら飛び火しないように大きな灰皿を用意したり、抽出後のしめったコーヒー豆のカスを灰皿に入れておいたりするのもおすすめです。これだけのことでも、火災のリスクは大幅に減らせます。

このように、努力次第でカバーできることはたくさんありますので、デメリットに気を取られて、メリットまで見失わないようにしてください。

memo

コミュニケーション不足も火事も、
子の働きかけ次第でフォローが可能。

親と離れて暮らすことを負い目に感じることはない

安易に同居を決めるのは得策ではないと頭では理解していても、親が一人暮らしをしている人のなかには、必要以上に心配しすぎていたり、世間の目が気になっていたり、負い目を感じていたりする人もいるようです。そんな方々のために、少し視点を変えるきっかけになるような提案をしてみたいと思います。

その〝何か〟は同居の理由にならない

まず、よくいわれる「もし何かあったらどうしよう」という心配から考えてみましょう。じつはこの〝何か〟は、同居でも別居でも起こりうることだったりします。たとえば「朝起きたら亡くなっていた」という事態は、一緒に住んでいても防ぐのは難しいでしょう。

また、孤独死については、そのほとんどが身寄りのない高齢者や、家族・社会から隔絶された環境で生活していた人です。そうでない場合は、週に一度のペースで連絡を取っていれば、よほどのことがないかぎり大丈夫ですし、そもそも現在は高齢者の見守りシステムやサービスなどのホームセキュリティーが驚くほど充実していますので、まずはそちらを検討するのが先でしょう。

つまり、**「何か」や「もしも」といった漠然とした不安だけでは、同居の理由にならない**のです。

「がんばればできること」と「無理なこと」を区別する

また、これまでに述べてきた通り、高齢の親との同居生活には、数々の無理が伴います。「がんばればできること」と「無理なこと」は、大きく違います。自分の子どもや配偶者の生活を犠牲にしてまで無理を通せば、やがて家族の崩壊を招いてしまいます。もし不幸にもそうなってしまったら、恨みの矛先は誰に向かうでしょう？　おそらく親です。親のためによかれと思ってしたことが、最後には親を恨んで終わる。これほど悲しいことはありません。だとしたら、**お互いに愛情を維持できる別居が、結局は家族みんなを幸せにする**と私は思います。

そんなわけで、「高齢の親を一人で放っておくなんて」という無責任な世間の声にはぜひ目をつむっていただき、まず自分の家庭を大事にしてください。

「ふるさと納税」で親が暮らす自治体に寄付をする

「何も親孝行できていない」と自責の念にかられている人は「ふるさと納税[*1]」を利用して親を支援してみることをおすすめします。ほとんどの自治体は寄付金の使いみちを選べますので、**高齢者福祉政策に対して寄付をすれば、間接的ではあるものの確実に親の生活をサポートすることになります。**

しかも寄付の額が数万円程度なら、還付金と所得税の控除により実質的な自己負担額は数千円程度[*2]ですし、多くの自治体ではお礼として特産品を用意しています。いずれにしろ、こうして親の住む地域に積極的に関わることは、より良い親子関係を築くことにもつながるのではないでしょうか。

＊1　名称は「納税」ですが、実際は「寄付」扱いとなります。
＊2　還付・控除額は、収入や家族構成などに応じて変わります。

memo

「してあげられていないこと」よりも
現実に目を向けて「いまできること」を探す。

第2章

親が元気なうちにしておくべきこと

かおりさんの場合
★かおりさんは…
・パート勤務
・遠方の父が一人暮らしを続けられるか心配
・父の資産額がわからない
父
母
かおり
妹 けいこ
２人姉妹の長女
ねえ私の心配事も聞いて！
もちろん！
わいわい
あーだ
こーだ
わいわい
わいわい

それが
前にね……
あ
けいこからだ
ピロロロロ
もしもし
お姉ちゃん！
お父さんが
ジョギング中に転んで
骨を折っちゃったの！
ドスン!!
えー!!
ケガの具合は
どうなの？
だから気を付けて
って言ったのに！
もー
すまん
すまん
幸い
たいしたことはなくて
一カ月の安静ですんだけど
と、まぁ
そんなことがあって
はぁ……

また けいこに 黙って走りに いったでしょ!
大丈夫 大丈夫! ゆっくり 走ってるから!
まぁ 元気なら いいけど
まったく
とはいうものの この先
年も年だし 何が起きるか わかんないもんな
あれ? 今日の朝は 何を食べたん だっけ?
最近 もの忘れも 増えてきたし……
介護か……
私は 離れて暮らしてるし
そもそも 介護って どうしたら いいんだろ?

やっぱり お金 かぁ
いくら 必要なんだろう? お父さんの貯金で 足りなかったら どうしよう!? 私は出せるかな……
え! 無理じゃん!
私も妹も 子どもたちの 学費だけで 大変なのに
高3 (受験生)
高1
大学生
けいこ
かおり
高2
この前 たまたま お金の話に なったけど
あ? 財産?
オレは まだまだ 大丈夫だ!
いざとなったら この家を売ればなんとかなる!
って はぐらかされたし……

親のお金は"介護資金"と考える▶ P59〜61

そうねえ
でも
介護を始めるときに
いちばん大切なのが
資金の把握
なのよ
ふむ ふむ…
次に
親が認知症になる
可能性も考えて
やってほしい
手続きがあるの
それが
「任意後見契約」
と
「財産管理委任契約」
というものよ
ニ・ニンイコーケ…ン?
ザ…イサ…カンリトー?
この手続きをしておかないと
たとえ子でも
親の財産には
勝手に手を
つけられなく
なるの
えー
そーなの～!!
自分の親の
お金なのに!?

資金の把握▶ P62～72　任意後見契約、財産管理委任契約▶ P77～82

びっくりするよね じゃあ 説明するわね
まぁまぁ 落ち着いて
まず 親が認知症になってしまったら 資産関係の新たな契約は できなくなってしまうの
たとえば 自宅や株などの資産を 売りたくても 売れなくなるわ
えーー!!
じゃあ どうしたら いいの?
そうならないように するための 手続きが 「任意後見契約」と 「財産管理 委任契約」なの
OK?
うん OK!!
……そーいうことなのね
この2つの 契約を結ぶには 大切な注意点が あるのよ
?

まず1つめは
親の
資産を把握していること
2つめは
親の判断能力がしっかりしていること
だから認知症になったらできなくなるのよ
この2つをクリアしたら最寄りの公証役場へレッツゴーよ!
OK!!
公証役場
わからないことは公証人がていねいに教えてくれるから心配しないで
わかったわ!さっそく妹と
お父さんに話してみる!

公証役場▶ P79、P82

エンディングノートだけに頼ってはいけない

親が70歳を過ぎたら「いつまでも元気でいてほしい」と願う一方で、そろそろ将来に向けた準備を始めてください。お金のことや介護のことなどをしっかり聞いておかないと、親が亡くなった後で困るのは、残された家族です。

「それならエンディングノートを買って渡しておけばいいのでは？」という意見も聞こえてきそうですが、じつはエンディングノートをうまく使いこなせている高齢者は、あまりいません。たとえ本人にその気があって書店で買ってきたとしても、いざ書こうとしてページを開けば、否応なしに

〝死〟という現実を突きつけられますし、また相続に関しては多少なりとも法律の知識が必要ですから、なかなか筆が進まないのでしょう。まして80歳以上にもなると、自分のサイン一つ書くのにも苦労する方が多いのですから、分厚いノート一冊をすべて自分の力で埋めるのは、期待するほうが酷というものです。

もし**エンディングノートを活用するのであれば、親に任せきりにせず、子がサポートしながら進めるべき**です。ただし、「財産の話をしなくては」と考えると、何となく後ろめたい気になりますし、切り出されたほうの親も身構えてしまいます。ですから、内面的なことも含めて**「この機会に、親のことをすべて聞いてみよう」という気持ちで、ていねいに対話を重ねてみてください。**

そもそも、昔はエンディングノートなどありませんでした。それでも三世代、四世代同居が当たり前だった時代は、子が親のことを理解していたので、親の遺志がスムーズに次世代へと受け継がれていたのです。エンディングノートがないと親のことがわからないというのは、やはりコミュニケーション不足が原因ですので、まずは親子関係を深めるところから始めてください。

memo

エンディングノートに頼る前に
まずは親子のコミュニケーションを。

親のお金は遺産ではなく介護資金と考える

親が元気なうちに聞いておかなくてはいけないことの筆頭は、お金の話でしょう。ところが、「遺産の皮算用をしているのか」と親に誤解されることをおそれてためらっている人は少なくないと思います。そこで、**親のお金は将来あなたが受け取る〝遺産〟ではなく、「親が自分のために使うもの」という発想に変えてみてはいかがでしょう。**

実際に親とお金の話をするときは、介護の話から切り出しましょう。たとえば「介護が必要になったらどうする？」と問いかければ、多くの親は「子に迷惑はかけない」「施設に入るつもり」などと答えるでしょう。

施設へ入居する意思があれば、「仮にいま、何かの事故で骨折して介護が必要になったら、すぐに入れるのは入居一時金が何千万円もかかる有料老人ホーム（233、236ページを参照）しかない、ということもあるみたいだよ」と教えてあげたり、「最長で20年間くらい施設に入るとして、その間の費用は足りそう？」などと聞いたりしてみましょう。

自分の財産は、いずれ子に渡ると親は考えています。ところが、介護費用まで考えている方は、あまりいないでしょう。「大丈夫」という親の言葉を信じてお金の話をうやむやにし続けた結果、いざ資金が足りなくなって困るのは家族です。それどころか、もし家族が知らない借金を残して亡くなった場合、その後に子が親の預貯金を引き出して使うなど、相続財産をうっかり「処分*」すると、債務も含めて相続を承認したとみなされ、あとで借金の存在が判明しても「相続の放棄」が認められないおそれもあります。そんな事態を防ぐためにも、**よく話し合って〝介護資金調査〟の必要性を親子で共有する**ことが大切です。

*具体的にどんな行為が「処分」にあたるかは、相続財産の性質や相続財産全体に対する割合などから判断されるため、個々のケースにより異なります。

memo

介護にはまとまった資金が必要と親に伝えて理解してもらう。

介護資金にいくら使えるか①
～親と一緒に整理する～

親のお金で把握してほしいのは、年金収入（現役の自営業者なら年収も）と普通口座の預貯金の額、いわゆる現金です。次に、流動資産として有価証券、外貨預金、定期の預貯金、国債、保険、金地金など。そして、現金化が難しい土地や家屋などの不動産です。まずはこれらを調べましょう。

介護資金の算出といっても、いつまで生きられるのかは誰にもわからないので、ここでは最大限に見積もって**「100歳まで生きても困らないような資金計画を立てる」ことを目標にしてください。**実際には90歳で亡くなるかもしれませんが、残った分は遺産になると考えればよいわけです。

個人差がありすぎて一概にはいえませんが、一つの例として具体的な数字をあげると、80歳から100歳までの20年間に必要なお金は、親一人あたり4500万円が目安です。その内訳は、公的な介護施設の費用が毎月12万円（20年間で約3000万円）、食費以外の生活費として毎月4万円（20年間で約1000万円）、趣味や旅行、まとまった買い物、葬儀費用などに500万円です。したがって、4500万円から20年分の年金収入を除いた金額を現金、または流動資産として用意しておけば、100歳まで安心して生きられるでしょう。たとえば、年金収入が月額10万円の場合、20年分の年金収入は2400万円ですから、親一人あたりの介護資金は差し引き2100万円が必要となります。ただし、この計算が成り立つのは、費用が抑えられる特養などの公的な介護施設に入居した場合にかぎられますので、あくまでも最低限の目安として参考程度にとどめてください。

「老後2000万円」はむしろ最低ライン

2019年に金融庁の金融審議会「市場ワーキング・グループ」が公表した報告書には「多くの人は老後30年間で2000万円足りなくなる」と受け取れる試算が示されました。当時、大論争を巻き起こした、いわゆる「老後2000万円問題」です。数字だけが独り歩きしてしまった印象もありますが、ここではその内訳をざっくりと見てみましょう。

夫65歳以上、妻60歳以上、夫婦のみの無職世帯では、平均収入が月約20万9000円に対して、平均支出が約26万4000円と、一カ月あたり約5万5000円の不足が生じている。この状態が30年間にわたって続くと、5万5000円×30年間（360カ月）＝1980万円（約2000万円）になる――。

つまり「2000万円」というのは、高齢夫婦世帯の月額収支の30年分という平均値に過ぎないのです。年金受給額や介護費用によっては、それ以下でも十分にまかなえるでしょう。「だから安心してください」とはいえず、現実はむしろ、その逆のことが多いのです。厚生年金の平均受給額は約15万円であり、月20万円を下回る世帯が相当数に上るのですから。

さらに、介護が必要となった場合は、施設の利用料として月に5万、10万と支出がかさみますし、その負担は年とともに（要介護度が上がるたびに）増えていきます。しかも、高齢者の数は増え続けているのに、安価に利用できる特養（234ページ）の数はあまり増えていません。

2022年の生命保険文化センターの調査によると、高齢夫婦の二人世帯でゆとりのある老後生活を送るために必要な金額は、毎月約37万9000円だそうです。したがって、趣味や旅行、レジャーなど、親がシルバーライフを楽しみたいと望んでいるとしたら、「老後2000万円」という平均値に踊らされることなく、まずは「わが家は介護資金にいくら捻出できるか」をしっかり把握することが先決といえるでしょう。

memo

「4500万円－20年分の年金受給額」で一人あたりの介護資金を算出できる。

介護資金にいくら使えるか②
～「家を売れば大丈夫」は危険！～

親のお金のなかでも、不動産についてはとくに注意が必要です。正式な査定をしていないのに「家を売れば何とかなる」と考えている高齢者が意外と多いのですが、そのほとんどは望んだ通りの価格では売却することができません。

そもそも不動産を介護資金としてあてにできるのは、購入時からの大幅な下落のリスクが少ない都心部に土地やマンションを所有している人だけです。残念ながら地方では〝介護資金〟と呼ぶには心もとない金額でしか売却できないことが多いようです。かなり古い一戸建ての場合、売却価格が家屋の解体費用を下回ってしまうという事態もありえます。

そういう可能性を想定し、**不動産業者へ査定を依頼して現在の価値を知っておくと安心**です。また、一戸建てなら解体費用として、マンションなら退去後のリフォーム費用として、それぞれ約５００万円と見積もっておけば、１００歳までの介護プランにもめどが立つでしょう。

高齢者向けのローン商品「リバースモーゲージ」

自己資金が心もとない場合は、「リバースモーゲージ」という貸付制度も検討する価値があります。これは**高齢者が居住する住宅や土地などの不動産を担保として、一括または定期的に金融機関から融資を受け取れるシニア向けの貸付制度**です。自宅にそのまま住み続けることができますし、毎月の返済は金利だけと負担が軽く、さらに契約者が亡くなると不動産を売却して元利一括で返済するという仕組みですから、計画的に利用すれば有力な資金調達手段の一つとなるでしょう。「持ち家はあるけれど、年金などの現金収入が少ない」という高齢者のなかでも、とくに自宅を相続する人がいない世帯からの需要が高まっています。

このように資産の有効活用という面でメリットは大きいものの、一方でリバースモーゲージには多くの制約があります。たとえば、多くの金融機関では契約者を80歳未満と規定していますが、介護資金が必要になるのはまさにその80歳以降のことが多いでしょう。また、都市部以外の地域や物件の評価額によっては担保として扱われませんし、融資の対象はほとんどが一戸建てなので、マンションは対象外の可能性が高くなります。

ほかにも注意すべき点として、担保に入れた不動産価値が大幅に下落した場合は、自宅を売却しても全額を返済できず、相続人に負債が引き継がれるおそれがあります。また、月々融資を受け取るタイプの場合は、想定以上に長生きすることで融資限度額の上限に達して契約が終了したり、あるいは金利が上昇することで毎月の返済が苦しくなったりと、**金融商品だけにさまざまなリスクがつきまとうのも事実**です。「こんなはずではなかった」と後悔しないためにも、メリットばかりに気を取られて安易にリバースモーゲージを選択することのないよう慎重に検討してください。

高齢者特有のリスクを考慮した保険にプラン変更を

取引している銀行や金融商品、保険についても見直しが必要です。

たとえば、銀行の定期預金は、親が80歳になったら普通預金に戻しましょう。体が不自由になると窓口までなかなか足を運べなくなり、解約が難しくなってしまうからです。また、口座の数が多いほど相続の手続きが煩雑になるため、できれば近場にある支店の口座だけに絞るか、多くても3行以内にまとめておきたいところです。

保険関係は、どの会社の、どんな保険に加入しているかを確認しましょう。死亡保険は、基本的に3年で請求権が時効になるので忘れないようにしてください。また、高齢になるほどリスクが高まる自動車や自転車の事故、火災などの保険についても内容を見直しましょう。自転車も人身事故を起こすと、高額な賠償金が必要になることがあります。その損害をカバーする個人賠償責任保険は、火災保険や自動車保険などのオプション（特約）としてすでに加入している可能性もありますが、そうでない場合は新たに契約しておきましょう。

こうして一度、すべてのお金を計算してみてください。ただし、お金は生き物ですから、**一回きりの調査で安心せず、年に一度は更新することをおすすめします。**たとえば、金融機関から送られてくる取引残高報告書を確認したり、親の代わりに通帳記入を行ったりすれば流動資産をチェックできますし、固定資産税の納税通知書を見れば不動産の評価額を把握することができます。

memo

漠然とした計算ではなく
しっかりと〝調査〟をして介護資金を把握する。

高齢者特有の危険を未然に防ぐためのリスクマネジメント

高齢になるにつれてどうしても判断能力は落ちるため、さまざまなリスクが浮上してきます。たとえば、高齢者の自動車事故は年々増えていますので、75歳をめどに一度話し合いをして、免許の自主返納を考えてもらいましょう。2019年4月に東京の池袋で起きた暴走死傷事故のような悲惨な例を出すまでもなく、認知機能が衰えた高齢者の運転は常に高いリスクを伴っているということは誰の目にも明らかです。

そうはいっても、車がないと不便な地域もありますので、「高齢ドライバーの運転は危ないから」と、漠然と自主返納を提案しても同意を得るのはなかなか難しいかもしれません。それでも万が一、**親が運転中に人身事故を起こしたら、失うのは金銭だけではありません。家族の社会的地位まで影響が及ぶおそれがある**ことを、まずは親子で認識してください。

そこで説得材料として、手始めに車にかかるすべてのお金を数字で確認しましょう。年間の車の維持費（自動車税、車検代、燃料費、高速料金、消耗品代など）と、移動をタクシーに変えた場合の費用を数値化して差額を比べれば、ほとんどのご家庭では車を手放したほうが経済的負担を減らせることがわかります。それだけでなく、こうして細かく調査した数字を見せることで、「あなたの身を本気で心配していますよ」というメッセージを暗に伝えることにもつながるはずです。

さらに、各自治体では高齢者を対象に、バスや電車を無料、または低料金で利用できる「福祉乗車証」を発行していますし、自主返納の優遇措置として、生活のさまざまなシーンで利用できる各種割引制度などがありますので、ぜひ一度、調べてみることをおすすめします。

ただ、焦って親に返納を促してもうまくいきませんので、たとえば返納の年齢を80歳と決めたら、その数年前から折に触れて話しておくなど、長い目で計画的に進めてください。なお、車を処分して外出の機会が減ると認知機能や筋力が衰えやすくなるため、デイサービスへ通ってコミュニティーへの参加を促すなど、しっかりと代替案も考えておきましょう。

また、株や外貨などのハイリスク資産に投資をしている場合は、**失っても惜しくないレベルまで金額を抑えておくと安心**です。マーケットは世界的な金融危機などを背景に、たびたび大暴落します。そのときに親が認知症を患っていると自由に売買することができなくなりますから、評価額が滝のように下落していく様子を、家族はただ見ていることしかできなくなってしまいます。

また、40〜41ページでも少し触れましたが、火災は甚大な被害をもたらす最も大きなリスクです。古いタイプの暖房器具、電気プラグやコード、コンセントなどを点検し、必要があれば買い替えや補修などをして「火災が起きにくい家づくり」リスクマネジメントを徹底しましょう。

memo

判断能力が落ちることを前提に話し合い、起こりうるさまざまなリスクに備えておく。

親が認知症になる前に備える任意後見契約の検討を

厚生労働省の認知症施策推進総合戦略（新オレンジプラン）によると、団塊の世代が75歳以上となる2025年には、認知症の人が約700万人にまで増えるそうです。認知症になってしまうと、たとえ家族でも公的な手続きができなくなりますので、ここではいまから準備できることを紹介していきましょう。

親が元気なうちに「任意後見契約」を結ぶ

最初に検討していただきたいのは、「成年後見制度」です。

この制度は、認知症をはじめ判断能力が十分でない方（以下、「本人」）に対し、本人に代わって財産や権利を守る「後見人」を選ぶことで、法律的に支援する制度です。**後見人は本人の利益にもとづき、不動産の管理・処分・変更、預貯金の引き出しなどの「財産管理」、介護施設への入退居やサービスの利用手続きなどの「身上監護」、さらに法律行為の代行や取消などを行います。**

成年後見制度は、大きく分けて「法定後見制度」と「任意後見制度」の2種類があります。法定後見制度は、本人の判断能力が不十分となったとき、親族の申し立てにより家庭裁判所が後見人を選任します。ただし、資産額によっては親族が希望する人物が後見人になるとはかぎりません。弁護士や司法書士など法律の専門家や、福祉の専門家などを含めて、家庭裁判所が最も適任と判断した人を選びます。

一方、任意後見制度は、本人の判断能力が不十分になる前に、自らの意思で選んだ後見人に代理権を与える**「任意後見契約」**を結びます。

当然ですが、みなさんが選ぶべきなのは、この任意後見制度です。理由は、親の判断能力が十分なときに契約を結ぶため、親が信頼する人物が後見人になることで、より本人の意思にそった適切な支援ができるからです。

任意後見制度を利用する場合は、本人と任意後見人が公証役場[*1]へ出向き、公証人が作成する公正証書によって契約を結ぶことになります。

成年後見制度を補完する「財産管理委任契約」

ただし、任意後見契約が効力を持つのは、医師による鑑定を経て本人の判断能力が不十分と認められ、かつ後見人を監督する存在として「任意後見監督人」[*2]を家庭裁判所が選任した後ですので、時間がかかります。では、親の判断能力が衰え始めたので、すぐに財産管理を代行したいが、医師の鑑定が通らない場合、また、判断能力は十分だけれど、体が不自由になって金融機関に足を運べなくなった場合などはどうすればよいでしょうか。こうしたケースに備えて、任意後見契約を補完するのが**「財産管理委任契約（任意代理契約）」**という制度です。

　この契約は、**本人（委任者）と受任者の合意さえあればすぐに効力が生じ、契約内容も必要に応じて決められます。**ただし、公正証書を作成しない場合は社会的信用が劣り、任意後見監督人のような存在もいないため、受任者の行動をチェックしにくいというデメリットがあります。

このようにそれぞれ一長一短はありますが、参考までに申し上げると、私のクライアントの場合は契約内容や手続きのわかりやすさを理由に、多くの方が「任意後見制度」と「財産管理委任契約（任意代理契約）」を併用し、さらに「遺言書」を残しています。

また、２０２２年には福祉型信託商品を専門に取り扱う「ふくし信託」という会社が発足しました。これまでは親の財産管理を民間に委託する場合、信託銀行の「家族信託」を選択するのが一般的でしたが、非常に高額だったことから、どちらかというと富裕層向けの金融商品でした。

一方、この福祉型信託を上手に利用すれば、コストが大幅に抑えられます。しかも、家族信託は遺された家族の仲が悪いとうまく機能しませんが、こちらは信託会社にいるプロフェッショナルが財産を管理してくれるので、トラブルを回避しやすいという大きなメリットもあります。

いずれにしても、親の財産管理や身上監護を考えている方は、弁護士や司法書士など法律の専門家、信託銀行などに相談しましょう。

＊1 「公正証書の作成」のほか「会社の定款や私文書の認証」や「私文書の確定日付の証明」などを行う官公庁。全国に約300カ所あります。

＊2 本人の親族等ではなく、第三者（弁護士、司法書士、社会福祉士、税理士などの専門職や法律・福祉に関わる法人など）が選ばれることが多くなっています。

memo

親の判断能力が十分なうちに〝もしも〟に備えた公的手続きを検討する。

兄弟姉妹の経済的不平等は遺言書の文言一つで解消できる

遺言書も公的な書類ですので、判断能力が不十分になる前に作る必要があります。公証役場で作成する「公正証書遺言」は、公証人が本人の判断能力を疑った時点で認められなくなりますし、財産目録以外はすべて自筆の「自筆証書遺言」は、そもそも認知症になると法的要件を満たす形で作成することが不可能になります。*

もちろん、遺言書を残すか否かは親の意思次第ですが、**とくに兄弟姉妹間で経済的な境遇に不平等があった場合は、作成を強くおすすめします。**

たとえば、兄は親から住宅資金の援助を受けて家を購入したけれど、弟はいまだ賃貸住宅で暮らしている。あるいは、姉は大学の学費や海外への留学費用を親に出してもらったけれど、妹は高校を出てすぐに働き始めた。このような例では、経済的な恩恵を多く受けた兄や姉が主導し、弟や妹により多くの財産を相続させるよう親に進言するとともに、家族全員で話し合いの場を持つことが理想です。

また、財産の配分だけでなく、なぜそのように分けたのかという理由や、家族に宛てた言葉など、親からのラストメッセージをぜひ残してもらいましょう。遺言書には、財産についてのみ書くものと思われがちですが、**じつは必要な項目さえ押さえておけば、あとは「付言《ふげん》」として自由に記すことができます。**付言に法的拘束力はありませんが、その一言、二言のおかげで、残された家族の絆がより強くなったというケースを、私は数多く目にしています。

ただし、事業承継などの関係でどうしても遺言書が必要な場合を除き、親がその気になってくれるかどうかは難しい面もあります。そこで、任意後見契約を結ぶために公証役場へ出向く際、「ついでに遺言書も作ろうよ」と促してみましょう。そうすれば遺言書の作成というハードルが、ぐっと下がるはずです。

＊法律で決められた要件をすべて満たしていても、自筆証書遺言の作成時に認知症であったことが判明した場合は無効になります。

memo

残された家族の円満を図るために遺言書の作成を親にすすめてみる。

親の友人と顔を合わせて大切な交友関係を知っておく

実家に帰省したときなど、親に友達と会う予定があれば、可能なかぎりついていきましょう。一度でも顔を合わせておけば、「先週、○○さんと遊びに行った」といった**親の日常会話に興味を持つことができますし、親にとってどういう人が大切なのかも見えてくる**ようになります。

また、親が近隣トラブルに巻き込まれる可能性も考えられます。そんな際も交友関係を把握していれば、いち早く危険を察知することができます。必要なら協力を得て話し合いの場に参加してもらうなど、未然にトラブルを回避することにもつながるでしょう。

ただし、唐突に「交友関係を教えて」などと言うと、「なんだ、葬式の準備でもするのか」と疑われかねませんので、たとえば**親に代わって年賀状の表書きをパソコンで印刷してあげる**のはいかがでしょうか。住所録の一覧表を添えて渡せば、親も喜んでくれるはずです。さらに、喪中はがきなどと照らし合わせて年末ごとにアップデートさせていけば、交友関係の変化にも気づくでしょう。また、いざ親が亡くなった際に訃報を作成するときも、このリストをそのまま使えばよいので、「誰に連絡すればいい?」などと慌てずにすみます。

memo

親の交友関係を一覧表にして
年賀状シーズンに毎年アップデートする。

親の希望や好みをつかむために積極的にコミュニケーションを図る

親が元気なうちに「どういう老後を過ごしたいか」について、一度は話を聞いておきましょう。この段階では、本人の希望を実現できるかどうかは重要ではありません。希望通りにはいかないことなど、長い人生を歩んでこられたご本人が、いちばんよく知っているからです。したがって、あくまでも**将来の話を通して親のわずかな心情変化をキャッチすることに徹してください。**

将来の話については、親はコロコロと意見を変えることがあります。たとえば、以前は「介護施設に行く」と言っていたけれど、今日は「施設には絶対に入らない」と答えたりするのは、親も決めかねているし、揺れているからです。これからさらに年齢を重ねていけば、親自身の〝老後〟がどんどん現実的な問題になるとともに、不安も大きくなっていきます。だからこそ根気よく、何度も繰り返し話を聞くことが大事なのです。そして言葉の端々に表れる先々への憂いをていねいにくみとり、寄り添ってあげましょう。

同時に、親の好きなものに関して、できるだけ情報を集めてください。認知症を患った場合は、まれに嗜好が変わってしまうこともありますが、とくに10代、20代の若い頃に熱中した映画や音楽などは、生涯忘れないものです。ほかにも好きな食べものやテレビ番組などの**趣味や嗜好を知り尽**

くしていれば、もし介護が必要になったときに、親を元気にさせることができます。介護者にとって終末期の親と一緒に笑顔になれる時間は、本当に価値あるものです。

ただし、そういったものは記憶の底に埋もれていることもありますので、「何が好き?」と聞くだけではなく、レストランなどへ親と出かけたり、音楽サイトなどでいろいろな時代の曲を一緒に聴いたりして、会話を交わしながら好みを探ってみてください。

memo

介護が必要になったときのために
親の〝好き〟をできるだけ集めておく。

まだ元気だからこそ話題にできる〝死後のこと〟を聞いておく

子の立場として、お金や介護のこと以上に聞きにくいのが、お葬式やお墓など、ダイレクトに〝死〟を連想させる話ではないでしょうか。デリケートな話題ですから、タブー視してしまう気持ちもよくわかります。そこでまずは、親の物語（自分史）に耳を傾けることから始めてみましょう。

みなさんは親の親、つまりあなたの祖父母が若い頃はどんな人だったのか、また親はこれまでにどんな人生を歩み、どのようにしていまにつながっているのか詳しくご存じでしょうか。あまりよく知らないという方は、ぜひこの機会に**お父様、お母様の物語を通して〝わが家のルーツ〟を掘り**

起こしてみてください。

そして、たとえば亡くなったおじいちゃん（または、おばあちゃん）の話が出てきたら「そういえば、あのときのお葬式は、こうだったよね？」と聞いてみましょう。もし親が喪主を務めていたなら、「どういう気持ちだったの？」と問いかけるのもよいでしょう。こうした話ができれば、「じゃあ、親父（またはおふくろ）のお葬式は、どうしたい？」「どんなお墓がいい？」など、ごく自然な流れで核心に触れることができると思います。

もちろん、この先、意見が変わる可能性もありますし、何度も聞かないと本音が出てこないこともあるでしょう。それでも、**一度きっちりと話をしておけば気兼ねなく繰り返し聞くことができますし、何よりうやむやにしたまま親が亡くなったり、認知症になったりした後に後悔するということ**

とがなくなります。

また、〝死〟に関する話題の一環ですが、本人が終末期に延命治療を望まないとわかった場合は、日本尊厳死協会や法律事務所、公証役場などで「尊厳死宣言書（リビング・ウイル）」を作成することができます。これも遺言書（83〜85ページを参照）同様、認知症になると認められなくなりますので、必要な場合は早めに手続きを行ってください。

孫と十分なコミュニケーションを

親の物語を繰り返し聞くことのメリットは、まだあります。それはみなさんの子ども（親から見た孫）にとっても大きな財産になるからです。

祖父母がこれまでに経験してきた努力や苦労を孫が繰り返し聞いて育て

ば、やがて「おじいちゃん、おばあちゃんががんばってくれたから、自分がこうして生まれてくることができた」ことに、幼いながらも気づくでしょう。一方、祖父母にとっても、孫の存在は生きる希望ですから、元気なうちに一緒に語らい、遊ぶ時間を作ってあげてください。

こうして、コミュニケーションが十分に深まり、**〝愛情の貯金〟**がたく**さんできていれば、たとえ将来、祖父母に介護が必要になったときでも、孫は会いに行ったり、お世話をしたりすることを嫌がらない心の優しい人に育つ**はずです。

memo

親の自分史に繰り返し耳を傾ければ
親も子も孫も、家族みんなが幸せになる。

第3章

離れて暮らす親との付き合い方

めぐみさんの場合
★めぐみさんは…
・一人娘、独身
・バリバリ働いている
・両親は健在で
とくに不安もなし
父
母
元気
元気
めぐみ
都心で一人暮らし
みんな大変なのね～
私は独身だし両親も元気！
ほっといてもまだまだ大丈夫よ～

ちょっと待って!!
ドキ
ハ…ハイ?
本当に通院している病院はないの?
めぐみが知らないだけじゃない? 高齢者の多くはどこか悪いところがあるものよ
整形外科にも行ってないの?
え～～そんなことまで知らないわよ～

そうね
ちょっと待って
いまチェックシートを
見せるからね
ホー
これよ!
チェックシート
へえ
こんなの
あるんだ
けっこう
細かいのね
これはね
親の身体面と
メンタル面の
両方をチェック
できるように
なっているの
たとえば――
次ページへ

健康状態チェックリスト▶ P120〜122、P130〜131

●どこか痛いと言ってなかった？
いたたた……
●階段はしっかり上れる？
●足はむくんでいない？
●毎日外出してる？
ボーーー
●ご近所とのお付き合いはどう？
●趣味は続いてる？
うわ……
ぜんぜん知らない……

そうよね　親も年をとるのよね……
大丈夫！　いまから気にかければ遅くないわ
離れて暮らしていても親のサポートはできる！
まずは心身両面の健康をチェック！　そのためにはコミュニケーションを取らないとダメよ
そうね……最近あんまり連絡を取ってないわ……
元気なうちからご両親の生活を把握しておくことが大切よ

親の日常生活を把握する▶ P108〜113

あとは
お友達との交流を
楽しめているか？
どんな予定が
あるのか？
なんかも
聞くのよ
どうして
そこまで？
そうすれば
ご両親の
ざっくりとした
スケジュールが
わかるでしょ
10月
めぐみは
聞いたことを
親専用の
カレンダーに
記入しておくの
今日は検診の日だ
あ
そっか
そしたら
変化があれば
「いつもと違う」
って
すぐ気づけるわね！

コミュニティーを作る▶ P117～119

それと
高齢者の生活を
サポートするために
各自治体では
さまざまな
行政サービスを
実施しているのよ
下を見て
サービス？
？
え？
これが両親の
将来なの？
一日中テレビ…
ボー
お買い物
行けなかった……
明日で
いっか……
はぁ
こういうケースも
けっこう多いのよ
親がこんなふうに
引きこもったら
困るでしょ？

高齢者の生活をサポートする行政サービス▶ P114〜116

健康維持のために介護予防の体操教室というのもあるわよ
いっち、にっ
さん、しっ
それ実家で見たことあるわ!
広報
○○市
そうそれよ!!
体力がつくしお友達もできて一石二鳥よ
元気に自活!!
でも……面倒くさがるかなぁ……人見知りだし
健康のためって理由をきちんと話せばきっとわかってくださるわ
わかったわ!親のためにね
親だって介護生活になるのは嫌だよね!

離れていても
できることは
たくさんあるわ
「放っておく」
ではなくて
「見守る」
ことが
大切よ
うん
そうね!!
ちょっと
難しくて……
ねえ
さっきの話を
もう少し詳しく
聞いてもいい？
うちも!!
私も!!
私も!!
も……
もちろん
それはね……
うんうん
なるほど!!

離れて暮らす親を見守るために子の立場でできること

親との別居をすすめるのは、親にまったく関知しなくてよいということではありません。「親の生活を尊重すること」と「放っておくこと」が同じではないと頭では理解していても、結果的に突き放すような付き合い方になっていないかどうか、一度振り返ってみましょう。

心身とも健康そうに見える親でも、**70歳を過ぎたら「うちはまだまだ元気だから放っておいても大丈夫」という思い込みは危険**です。一度の骨折や突発的な病気などをきっかけに、本当にある日突然、介護生活が始まってしまうことも少なくありませんので、そのつもりで心構えをしておきましょう。

親の〝いま〟を知るために電話連絡を習慣にする

親の生活を尊重しながら、元気なうちは〝見守る〟、体が不自由になってきたら〝支える〟と、状況に応じて適切に付き合い方を変えていくためには、心身の健康面を含めて、「親がいまどんな状態で暮らしているのか」という情報が必要です。そのためには、Eメールや無料通話アプリのチャットだけに頼りすぎず、電話やビデオ通話での連絡をメインにするべきでしょう。**表情や声の調子一つで、文字だけでは伝わらないメンタル面も含めた状態を知ることができる**からです。

また、第1章でも少し触れましたが、離れて暮らす高齢の親とは、最低でも週に1回、できれば週に2回くらいは電話やビデオ通話で連絡を取り合うのが理想です。**それ以上間隔があいてしまうと、状況が急変したときに把握できないリスクがあります**ので、くれぐれも注意してください。

ひょっとすると「そんなに親と電話で話す話題がない」と思われるかもしれません。そんな方は、ぜひ自分の健康面や育児のことを話題に選んでみましょう。たとえば、「このところすっかり体力が落ちてきて無理がきかなくなった」とか「最近、視力が落ちてきて……老眼かなあ？」などと、まずは自分の体のことを話し始めれば「父さん（または、母さん）は、いつ頃から自覚した？」というように、親の体のことについても聞きやすくなります。

あるいは、「最近、息子が反抗期に入ったみたい」や、「娘に避けられている気がする」など、子どもの話題を踏まえて、自分が同じような年頃だったときに親がどう対処していたのかを聞けば、懐かしんで教えてくれるはずです。

このように、**親が自分から話したくなるような雰囲気を作り、定期的な電話連絡を習慣化してしまうことが大事です。**

親の行動や予定をカレンダーに記入する

親との電話連絡に慣れてきたら、次のステップへ移りましょう。それは専用のカレンダーを用意して親の日常をそれとなく聞き出し、定期的な予定を記入しておくことです。

たとえば、いつ連絡を取ったか。毎日何時に起きて、何時に寝ているか。

かかりつけの病院や診療所はいくつあるか。どこか具合が悪くなったところはないか。さらに病院への通院日、習い事やお稽古事、友人との集まりの予定なども書き込みましょう。こうして親の日常的な行動を把握しておくと、**いつもと違うことがあれば、すぐに変化に気づくことができる**ようになります。

ただし、親に「行動を監視されている」と思われては、せっかくの試みも台無しですから、できるだけさりげなく、会話の流れで聞いてください。

親の行動を聞くといっても、「来週の予定は?」などといったストレートな聞き方では警戒を招くだけです。「ご飯は毎日3回きちんと食べてる?」「薬はちゃんと飲んでるの?」など、子どもに問いただすような聞き方は絶対にやめてください。

右の質問は、たとえば「来週は忙しい？」「ご飯はおいしかった？」「薬はどのくらい残ってる？」などと言い換えるだけで十分わかるものです。

あくまでも**親のことに興味を持ち、「いつも気遣っていますよ」ということが伝わる聞き方を心がけながら〝見守る〟**ようにしてください。

memo

「親のスケジュール表」を作って
まめに連絡を取り合いながらまとめておく。

高齢者の生活をサポートする さまざまな行政サービス

離れて暮らす親の生活をサポートするために、行政サービスを利用しない手はありません。高齢者向けの福祉サービスは、そのほとんどが要介護認定（184～188ページを参照）で、「要支援」または「要介護」がついた方が対象ですが、一定の年齢を超えていれば誰でも利用できるものも少なくありません。

たとえば、一定区間の電車・バスが無料、または低料金で利用できる「福祉乗車証」のシステムは認知度が高いため、親もすでに知っているでしょう。ただし、東京都では「シルバーパス」、大阪市では「敬老優待乗車証（敬老パス）」、福岡市は「高齢者乗車券」など、自治体ごとに呼び方が異なり、対象となる年齢、負担金の額、所得制限の有無、助成限度額などが細かく違います。このように、**行政サービスは各自治体ごとに内容や名称がまったく異なりますし、毎年制度が変更になることもあります**ので、まずは親の住む都道府県、市区町村などのサービスを詳しく調べてみましょう。

その他、高齢者同士の交流を促進させる事業、商品購入や飲食代、施設利用料などの割引サービス、掃除・洗濯・買い物などの家事援助サービス、預貯金の出納や公共料金の支払代行サービスなどを実施している自治体もあります。

こうした情報は、ホームページで調べればすぐにわかることと思われるかもしれませんが、じつは自治体によっては一部のサービスしか掲載していないこともあります。そのため、基本的には**自治体の高齢対策課などの窓口や、「地域包括支援センター」へ足を運ぶ**ことをおすすめします。窓口で相談したり、無料配布されているシニア向け生活情報誌を手に入れたりして、使えそうなサービスをピックアップし、親とともに検討してみましょう。

memo

自治体などの相談窓口に足を運んで情報を集め、親の生活に役立つサービスを利用する。

帰省のタイミングごとに近隣のコミュニティー作りを

114～116ページで紹介した**行政サービスをうまく利用するには、実家のご近所さんを味方につけておく**のもポイントです。関係が良好なら、使い勝手のいいサービスなど、参考になる話が聞けるでしょう。

ご近所付き合いをしている方の家族や知り合いが近くの介護施設を利用しているなら、入居事情などとともに、インターネットには掲載されていない〝生の声〟もつぶさに教えてくれるでしょう。将来、親が施設へ入居しないともかぎりませんので、いまの段階から信頼できる施設の見当をつけておいてください。

万が一、離れて暮らす親が倒れたときに頼りになるのも、すぐに駆けつけられるご近所の方々です。お隣さんはもちろん、近くに親戚が住んでいれば、〝もしも〟に備えて一声かけておきましょう。さらに、親が毎日のように通うコンビニやスーパー、行きつけの飲食店、駐在所などに顔なじみの方がいれば、帰省のタイミングごとにあいさつをしておきましょう。そうすれば、もし数日間、顔を見ないことがあれば、まず最初に「おかしい」と気づいて知らせてくれるはずです。

また、あなたが子どもの頃に過ごした家やその近くに実家がある場合、コミュニティー作りで個人的におすすめなのは、**現在も地元に住んでいる友人とともに、同窓会を呼びかける**ことです。全員が同世代なだけに、高齢の親に対する心配は、誰もがわかってくれるでしょう。なかにはすっかり疎遠になっている人もいると思いますが、昔話を肴《さかな》に旧交を温め合い、あらためて連絡先を交換しておけば、心強い味方になってくれるはずです。

こうして親の緊急時に頼れるルートを、できるだけ多く作っておきたいところですが、それには当然時間がかかります。そこで親が元気ないまのうちから、少しずつ地道にコミュニティーを築いておくとよいでしょう。

memo

親の身に〝万が一〟が起きたときに備えて頼れるルートを作っておく。

身体面とメンタル面の両方で健康状態をつかむ

離れて暮らしていると、どうしても親の健康状態の確認が十分にできなくなってしまいます。そこで、130〜131ページに心身両面の健康状態をチェックするためのリストを掲載しましたので、**実家へ帰省したタイミングなどを利用して、できれば3カ月から半年ごとに確認しましょう。**

もちろん、本人がすこぶる元気なつもりでチェックを拒否するなら、無理強いすることはありません。ただし、親の日常生活を実際に見たり、それとなく話を聞いたりしているうちに、当てはまる項目が増えてきたと感じる場合は、「健康面が心配だから」と、きちんと伝えてチェックをお願いしてみましょう。

チェックリストの「心理状態」は、全項目を通して、うつ病の初期症状を判断する内容になっています。一方の「身体機能」は、リストの文章だけでは意図がややわかりにくいものもありますので、ここで少し内容を補足します。

高齢者がよく訴えがちな体のむくみについては、一般的に夕方以降に症状が出ます。したがって、朝からむくみがある状態が一週間以上にわたって続く場合、腎臓か心臓のいずれかに問題が潜んでいるケースが多いといえます。

また、半年間で3キロ以上、体重が増えていれば、やはり腎臓や心臓の疾患が原因でむくみが出ていることも考えられます。反対に、半年で3キロ以上減っていれば、骨密度や筋肉量の低下を疑いましょう。

このチェックリストには入っていませんが、定期健診などで血液検査をする機会があれば、「アルブミン」の数値にも注目してください。アルブミンはたんぱく質の一種で、筋肉や血管の形成、免疫細胞の機能などに不可欠な成分です。年をとると少しずつ減っていきますが、もし数値が急激に下がっていれば栄養状態が悪化している可能性がありますので、早めに医師の診察を受けましょう。

memo

なるべく定期的にチェックしながら心身両面の異変をいち早く察知する。

親の話に「あれ？」と感じたら認知症のチェックリストを活用

第2章の77ページでも紹介した通り、厚生労働省の推計によって「2025年には認知症の人が700万人」という衝撃的な数字が明らかになりました。高齢の親がいる現役世代にとっても、まさに人ごとではありません。

また近年、認知症やその疑いがある人の行方不明者が増え続けていることも大きな社会問題となっています。警察庁の統計によると、2021年は1万7636人に達しました。

この発表を受けて、各自治体は見守り体制の取り組みを強化していますが、ご家庭では117〜119ページで説明したような近隣のコミュニティー作りを進めておく、つまり**自助努力によって防護ネットを張っておくことが、今後ますます重要になってくる**でしょう。

血縁者以外の意見に耳を傾ける

親が70代の半ばになると、「あれ? この前も同じ話をしてたな」「最近、もの忘れが多いな」など、ちょっとした違和感を覚えることが増えてくるかもしれません。これは認知症の初期症状では……と、不安を抱えた際には、ぜひ128〜129ページのチェックリストで確認してみてください。

ただし、血縁者だけで行うと「大丈夫であってほしい」という思いから、どうしても正常な方向への補正がかかりますので、**できればあなたの配偶**

者や親の友人などにお願いし、フラットな判断を心がけましょう。

認知症は発症の原因によって、大きく3種類に分かれます。脳内に異常なたんぱく質がたまって神経細胞が死んでしまう「アルツハイマー型」。レビー小体といううたんぱく質が蓄積して脳を変質させる「レビー小体型」。脳梗塞や脳出血により、脳細胞がダメージを受ける「血管性」。この3つで全体の約9割を占めています。このなかでレビー小体型は、幻覚や歩行障害といった他の型には見られない症状が現れるため、チェックリスト内に別枠を設けました。

また、このチェックリストにかぎらず、**周囲の人が伝えてくれる親の情報を、根拠なく否定するのはやめましょう。**たとえば、配偶者が「お義母《かあ》さん、最近ちょっとおかしいと思う……」と教えてくれたとしましょう。

そこで「いや、そんなことはないだろう」と考えもせずに否定すれば、それっきり冷静な目による情報が入ってこなくなってしまうおそれもありますので、きちんと耳を傾けるように心がけてください。

体を動かして認知症を予防する

運動が認知症の予防につながることを、みなさんはご存じでしたか。運動には次の2つの面でメリットがあります。

まず第一に、脳が活性化することです。

第二に、骨折の予防につながることです。

高齢者に骨折が多いのは、骨が弱くなっていることに加えて、筋力が衰えていることも原因です。筋肉は鎧のように骨を守っていますので、そこが弱くなってしまえば、骨が折れやすくなるのは明らかです。

おそろしいのは、背骨の圧迫骨折や大腿骨の骨折などのケガが原因でそのまま寝たきり生活になり、やがて認知症の発症へと、本当にあっという間に進んでいくケースもあることです。

認知症のリスクをできるだけ抑えるためにも、元気なうちに運動を習慣にして筋力を維持するよう、親に伝えておきましょう。理想的な運動量の目安は、**毎日30分〜1時間のウォーキング、または2、3日に一回、1時間程度の有酸素運動を継続して行う**ことです。

memo

認知症の初期症状の判断は
自分よりも血縁者以外の声を信用する。

年　月　日

認知症の初期症状チェックリスト

以下に掲載した１～３の設問において合計９つ以上のチェックが入ったら、認知症の初期症状を疑ってください。

1 判断力・理解力の低下

- □ 外食時にメニューを見ても、料理や味がイメージできない。
- □ 食べたい物を言えない。
- □ 同じ料理ばかりを作る。
- □ ドラマや映画に興味がなくなり、楽しめなくなった。
- □ 新聞を読まない日が増えた。
- □ 郵便物を開封していない。
- □ ゴミを片づけられなくなった。

2 性格の変化と感情コントロールの困難化

- □ ささいなことで泣き出すことがある。
- □ 怒りっぽくなった。
- □ 失敗を隠すようになった。
- □ 周囲への気配りができなくなった。
- □ 不安感が大きくなった。
- □ 疑い深くなった。
- □ 否定されることに強い拒否反応を示す。
- □ 身だしなみを整えられなくなった。
- □ 同じ服を何日間も着続ける。
- □ 外出が面倒で引きこもるようになった。
- □ 覚えているにもかかわらず、何度も同じことを言う。
- □ じっと待つことが苦痛になった。

年　月　日

3 記憶力の低下

□ 探し物が多くなった。
□ 身の回りの物を整理できなくなった。
□ 鍋を何度も焦がす。
□ 電話で同じ話を何度も繰り返す。
□ 洗濯物を日中に取り込まない。
□ お風呂に入っても髪や体を洗わない。
□ 同じ物を大量に買い込む。
□「あれ」「これ」「それ」という言葉が激増した。

レビー小体型認知症

ここまでのチェックの数が合計８つ以下だった場合も、以下の設問で２つ以上に当てはまったら「レビー小体型認知症」を疑ってください。

□ 歩行が小刻みになる。
□ 体のバランスが取れなくなる。
□ 幻聴・幻覚が出る。
□ 転倒することが多くなる。
□ 日や時間によって認知機能にバラつきがある。

年　月　日

心身の健康状態チェックリスト

「身体機能」で5つ以上のチェックが入ったら、高齢者を専門に診てくれる病院、または内科で診てもらいましょう。

身体機能は？

□ 午前中から足にむくみがある。
□ 腰やひざなどに痛みがある。
□ 半年間で３kg以上の体重の増減がある。
□ 最近３カ月間で２回以上、転んでケガをした。
□ よくせきをする。
□ よくむせる。
□ 口が渇く（口内の分泌物が少なくなっている）。
□ 食事の好みが変わった。
□ 濃い味を好むようになった。
□ 食事を毎日３回食べていない（食事の回数が減った）。
□ 固い物やかみ切りにくい物が食べられない。
□ 階段の上り下りに手すりが必要。
□ 何かにつかまらないと、いすから立ち上がれない。
□ 起床時間が午前８時より遅い。
□ 公共の交通機関に一人で乗れない（体力的に自信がない）。

年　月　日

「心理状態」も同じく、５つ以上のチェックが入ったら、軽いうつ状態に陥っている可能性があります。早めに精神科か心療内科を受診してください。

心理状態は？

□ 食事がおいしいと感じない。
□ 食べたい物がない。
□ 趣味を楽しめなくなった。
□ 行きたいところがない。
□ 人と会うのが面倒になった。
□ 一日中外出しない日が、週に３日以上ある。
□ 半年間、一度も美容院（理容院）に行っていない。
□ お風呂に入るのが面倒に感じる。
□ 起床時に疲れが取れていない。
□ 頭がもやもやしてスッキリしない。
□ そわそわして落ち着きがない。
□ ささいなことで怒る。
□ ささいなことで泣く。
□ 最近、配偶者を亡くした。
□自分が重篤な病気ではないかと思い込み、通院を強く望む。

家族や親族の間で連絡体制を整えて見守りの役割分担を決める

兄弟や姉妹がいれば、常に親の情報を共有しておいてください。一人っ子の場合は、懇意にしている親戚を味方につけましょう。そうすれば、たとえ忙しくてなかなか連絡が取れていなくても、親がいまどんな状態で生活しているのかを常に把握することができます。**親を見守るチェックの目、人の数を増やすことで、入ってくる情報量は圧倒的に増えます。**

ですから、誰かが親とコンタクトを取るたびに、その情報をみんなで共有するように心がけてください。もちろん、Ｅメールの同報送信でも構いませんが、使い勝手を考えれば、グループトークができる「ＬＩＮＥ」などの無料アプリを活用すると便利でしょう。

ただし、全員が横並びの立場では、人任せになりがちで連絡体制がうまく機能しなくなるおそれもありますので、誰が中心になるのかを事前に決めておいてください。長男や長女でなくてもよいので、実家からいちばん近くに住んでいる人や、日常的に親と電話で連絡を取っている人などをリーダーにしましょう。

また、連絡網が整っていれば、親が振り込め詐欺などの被害に遭うリスクを減らすこともできます。近年、犯行グループはターゲットにする高齢者本人のことだけでなく、その家族のことまで事前に調べているようですが、兄弟姉妹とその配偶者全員をだますのは、さすがに難しいでしょう。

もちろん、親には「おかしいな?」という電話があったら、必ず誰かに一報を入れて確認を取るように伝えておいてください。

〝見守り世代〟がそれぞれできることを話し合う

こうして連絡体制を整えながら、お盆やお正月、法事など、家族・親族が集まる機会に「誰が、何をして親を守っていくのか」、つまり親の〝見守り〟について話し合い、役割分担を明確にしておきましょう。ただ何となく決めるのではなく、各自が実際にできることをベースに話し合ってください。**兄弟姉妹の全員が「親の保護者になる」という覚悟を、この段階で共有しておく**のです。

たとえば、家族の誰かが傍観者になってしまえば、その分ほかの誰かに負担がかかりますし、未婚などを理由に「親の面倒は、私が全部みる」など一人が気負いすぎると破綻するリスクが高まりますので、それぞれの家庭の事情を考慮したうえで、分担することが大切です。

また、余裕があれば、誰かが親の近くに引っ越すことも選択肢の一つになります。たとえば、全国に支店があるような大きな会社に勤めている兄弟姉妹が社内で異動申請を出しておけば、半年から1年ほどで希望が通る可能性もあります。親が倒れたり、事故に遭うなどの緊急事態が起きると、ゆっくり話し合う余裕がなくなりますので、いざというときに慌てないためにも、親が元気なうちに一度は話し合いの場を設けておきましょう。

memo

「親の保護者になる!」と家族全員が自覚して話し合いを。

「もったいない」にとらわれると親の健康をおびやかすことになる

離れて暮らす親の健康を守るために、忘れてはいけないのが食中毒のリスクをしっかり伝えることです。たとえば、帰省した際に消費期限切れの食材を捨てようとすると、親に「もったいない！」と怒られる――というケースでは、その食品の値段と、食中毒で入院した場合のコストを考えてもらいましょう。これはもう、比べるまでもありませんね。消費期限切れの食品のほか、たとえば卵や鶏肉といった身近な食材からサルモネラ菌に感染して食中毒になることもありますので注意が必要です。

ちなみに、仮に食中毒にかかった場合、入院して治ればそれで終わりというわけではありません。胃腸の働きは健康維持に大きく関わっているため、腸活をして十分にケアすることが長寿につながるのですが、ひとたび胃腸の健康を損なうと体質が変化し、それが引き金となって次々と病気を招くおそれがあります。ここはお金には代えられない部分ですので、そのリスクをしっかりと認識してもらいましょう。

「親の意思を尊重する」を言い訳にしない

「親がもったいないと言うから捨てられない」というのは、いわゆる〝実家の片づけ問題〟もよく似た構造といえます。モノに対する執着を断ち切るのは簡単ではありません。それでもやらなければならない理由は、ケガをしない環境を整えて親の身を守るためです。

「親の意思を尊重しています」という言い訳をして、実家の片づけに手をつけない方もいますが、よく考えてみてください。足腰の弱った親が、不用品の山に足を取られて転んでしまう。運悪く大腿骨が折れると、その後は介護生活へまっしぐらでしょう。つまり、その〝先延ばし〟は親にケガを負わせるリスクと背中合わせであり、保護責任を放棄しているといわれても仕方がありません。ここでもやはり「親の保護者になる覚悟」が必要なのです。なお、実際に在宅介護を決断した際の家づくりについては207～212ページで解説しますので、そちらも参考にしてください。

memo

「親の意思を尊重する」より必要なのは
「親の身の安全を守る」という強い決意。

第4章

〃ちょっと困った親〃の処方箋

よしえさんの場合
★よしえさんは…
・パート勤務
・以前から義父の性格に問題があると感じていた
義父
義母
よしえ
夫
〈長男〉
義父の性格が気になる……
ガチャ
ただいま
おかえりなさーい！
はあ……
どよーーん
……

どうしたの？
ハッ!!
ん？
父さんのことでね……
お義父さん
また何かあったの？
そうなんだ
昼に母さんから
電話があってさ
お義父さんといえば
数年前までは
大手上場企業の
役員で
どちらかというと
やり手
だけど人のミスを
許せないタイプ
なんだ このミスは!!
すぐやりなおせ—!!
ハイ

いや
父さん
あの性格だろ
最近
ご近所からの
苦情が多い
みたいで
えっ？
そんなに？
うん……
こんな感じでさ
おい！
うちの前で
おしっこさせるな！
えっ！
あんた！
ゴミの分別が
間違っとる！
ゴミ
こら！
あんたんちの
木の枝がこっちに出とる！
ドキッ
ど〜うわ〜……

昔からとはいえ疲れるよな～
はぁ……
……
麻子に相談してみようかしら
翌日
もしもし麻子？相談したいことがあるんだけど……
明後日のお昼にこの前のカフェでどう？
うんぜひ！ありがとう！
当日
ごめんね忙しいのに
ううん大丈夫よ
でどうしたの？
それが……
かくかく しかじか
うん うん……

そっか
性格にかなり
問題がありそうね
パーソナリティ
障がいや発達障がい
の可能性も考える
必要があるわ
そのボーダー
ライン上に
いる人はじつは
少なくないの
一度チェックして
もらったら？
えっ？
障がい？
どうやって
調べるの？
はっきりと
診断が
つくことは
まれだけどね
それぞれの障がいを
診てくれる
精神科が
あるはずよ
アメリカの調査では
パーソナリティ
障がいの人は
人口の約15％
文科省の調査では
発達障がいの人は
約８・８％だそうよ
若い頃から
頻繁にトラブルを
起こしてきた人の
なかには
診断が下りる
ケースもあるわ
なるほど…

パーソナリティ障がい、発達障がい▶ P148〜153

要介護認定▶ P184〜188

特性を理解する▶ P160～164

たとえば「この人はこういうことが苦手なんだ」って特性を理解すれば
相手を受け入れやすくなるでしょ?
「障がい」という言葉はついているけど
ほとんどの場合は単に個性が強いだけよ まずはそれを知ることが大事なの
そうだね 大切なことだね!
さっそく夫に話してみるわ!
ありがとう!
どういたしまして
またいつでも相談してね!

コミュニケーションが極端に取りづらい場合は障がいを疑う

ここまでお話ししてきた内容は、基本的に親子関係が良好であることが前提です。これとは別に、「うちの親は昔からトラブルメーカーだった」「話がまったくかみ合わない」「気に障ることがあると怒鳴ったり暴れたりする」などコミュニケーションが極端に取りづらい〝ちょっと困った親〟で、その付き合い方に悩んでいるという方も少なくないと思います。

そういう親について、「だから老後の見守りなんて、とても無理」「いまさらどうにもならない」と**あきらめる前に、まずはパーソナリティ障がいや、発達障がいの可能性を探ってみてください。**「障がい」と聞くと驚くかもしれませんが、パーソナリティ障がい、発達障がいは、知能面や言語面には問題がないことがほとんどで、むしろ平均よりも能力が高い人も多く、本人や周囲の人が気づいていないだけというケースも珍しくありません。

日本では大規模な調査による数字は出ていませんが、アメリカでは成人の7人に1人（約15%）がパーソナリティ障がいと推定されることが、精神医学誌の『The Journal of Clinical Psychiatry』（2004年7月号）で発表されています。

また、全国の公立小・中学校の通常学級を対象にした令和4年の文部科学省の調査では、8・8%の小中学生に発達障がいの可能性があることがわかりました。

もちろん、この2つの障がいを同時に抱えている人もいますし、この数字自体が推計ですので安易な足し算はできませんが、健常とのボーダーライン上にいる人まで含めれば、少なく考えても5、6人に1人はこのような障がいを抱えている可能性があるわけです。これほど身近なのですから、そういった人を「どこにでもいるちょっと個性の強い人」だと考えても差し支えないでしょう。

偏ったパーソナリティのために本人や周囲の人が苦しむ

パーソナリティ障がいは、認知（ものの捉え方や考え方）や感情、衝動コントロール、対人関係といった、広い範囲のパーソナリティ機能の偏りから問題が生じる精神疾患です。多くの場合、発達期から、遅くとも思春期や早期の成人期までに、その兆候が認められます。発症の原因については、十分に明らかになっていませんが、生物学的特性や、発達期の苦難の体験などが関連していることがわかっています。たとえば、衝動的な行動パターンは、神経伝達物質のセロトニンが作用する神経系の機能低下によるものと考えられています。また、幼少期に養育者が身近にいなかったなど家庭環境に問題があったり、本人にとってつらい体験をしたりすることが、発症に関係しているともいわれています。

「大人の発達障がい」はごく普通のこと

発達障がいは、先天的に脳の発達が通常とは異なり、幼児の段階で症状が現れます。小児特有の障がいと勘違いされがちですが、基本的には成長して大人になっても変わりません。たとえば、2013年に公表されたアメリカ精神医学界の診断基準では、「自閉スペクトラム症（ASD）」「注意欠如・多動症（ADHD）」などが、本章の〝ちょっと困った親〟になる可能性があります。

ASDタイプは、人付き合いが苦手でルールや言葉遣いに厳格という特徴があります。また、男性に多く、発生頻度は女性の約4倍です。以前は「自閉症」「アスペルガー症候群」という診断名がついていましたが、現在はひとまとまりの障がい群とされています。

また、ADHDタイプは集中力が続かず、落ち着きがないことが代表的な特徴です。思考や感情がコロコロと変わりやすく、また思い込みが強くて衝動的な行動に走る傾向がありますので、まわりの人を振り回すことも多くあります。

誤解をおそれずに話を単純化してしまうと、**パーソナリティ障がい、発達障がいは、誰もが持っている特性が極端に現れる症状**といえます。ただ、そのことが原因で本人や周囲の人が苦しんでいたり、本人の生活に支障をきたすほどであれば、医学的に障がいという診断になるだけのことです。つまり、**あくまでも程度の問題と考えることもできるわけですから、子の立場としては慌てず冷静に対処することが大切**です。

memo

親との関係を最初から放棄するのではなく冷静に障がいの可能性を探ってみる。

チェックリストを使って親の特性を再確認してみる

パーソナリティ障がいや発達障がいを抱えている方の多くは、他人には理解されない努力を重ねて何とか自分を社会生活に適合させてきたはずです。ところが、高齢になるとコントロールが利かなくなり、いろいろなことで度を超してしまう傾向があります。このまま放っておいて、いずれ子や周囲の人々と頻繁にぶつかる別の意味での〝モンスター・ペアレンツ〟となってしまえば、困るのは結局家族ですから、**親子関係の改善に向けて、ぜひ親の現状を把握しておきましょう。**

まずは157～159ページに掲載したチェックリストで、親の特性を再確認してみてください。その結果、もし**障がいの疑いがあると思ったら、パーソナリティ障がい、発達障がいを理解している精神科へ連れていきましょう。**社会生活が成り立っている人については、病院で診察を受けても、はっきりと診断がつくことは少なく、健常とのボーダーライン上にいるという結果になることが多いようです。

病院を選ぶ際、小さな診療所やクリニックは、あまりおすすめできません。もし親が方々の病院でトラブルを起こせば、仮に入院が必要な病気を患ったとき、どの医療機関も受け入れを拒否するおそれがあるからです。一方、この段階で入院設備の整った大きな病院に通院歴を作っておけば、入院が必要になったときもスムーズに受け入れてくれるでしょう。つまり、予防線を張っておくわけです。

では、もともとコミュニケーションが取りづらい親を、どのように説得して病院へ連れていけばよいでしょうか？
たしかに難しい問題ですが、たいてい本人は強いストレスによってドライマウスや体が痛むなどの不具合を感じていますので、「気分が軽くなる薬をもらいに行こう」など、健康面を気遣いながら誘導してみましょう。

memo

チェックリストで疑いがあれば
ストレス軽減のためと伝えて病院に連れていく。

年　月　日

発達障がいチェックリスト

以下の設問において、子どもの頃からその特徴・傾向がある項目がそれぞれ3つ以上あったら「自閉スペクトラム症（ASD）」、または「注意欠如・多動症（ADHD）」を疑ってください。

自閉スペクトラム症（ASD）の特徴・傾向

- □ 空気が読めない・顔色をうかがうことができない・相手の気持ちがわからない。
- □ 自己中心的と思われてしまう発言が多い。
- □ ルールや公平性に厳格で、融通が利かない。
- □ 規則性のあるものを極端に好む。
- □ どんなときも自分のルールだけを尊重する。
- □ 何かに対して極端に強いこだわりがある。
- □ 新しい環境になじめない。
- □ 言葉での説明がうまくない、人の言葉を額面通りにしか理解できない。
- □ 主語が省略された言葉に混乱する。
- □ 実直でごまかすことがなく、好きなことであれば同じことを何時間も飽きることなく続けられる。
- □ 思いやりはあるが、気持ちをうまく表現できない。
- □ 音、匂い、光、食感などに過敏。たとえば、同じ食品でもメーカーが違うだけで受けつけない。
- □ できることとできないことの落差が激しい。
- □ 成績は優秀なのに応用がまったく利かない。

年　月　日

注意欠如・多動症（ADHD）の特徴・傾向

- □ 落ち着きがなく衝動的な行動を取る。
- □ 人の話を聞きながら、同時にほかのことを考えていることがよくある。そのために、話している内容とはまったく違うことを突然話し出したりするが、人の話を聞いていないわけではない。
- □ うっかりミスが極端に多い。
- □ 優先順位がまったくつけられない。
- □ 行動に極端なこだわりがある。
- □ 物事の整理がつけられない。
- □ アイデアが豊富で独創的な発想ができる。
- □ 興味や関心が短期間で次々と変わる。
- □ 感情をコントロールすることができない。
- □ 部分否定を全人格の否定と感じる。
- □ ルールやマニュアル通りの行動が苦手。
- □ 感情の振れ幅が極端に大きく、すぐに人に共感する。
- □ 詰めが甘く、最後の仕上げが苦手なため、物事を完成させることが難しい。
- □ じっとしていることに苦痛を感じる。
- □ 決められた時間が守れない。

年　月　日

パーソナリティ障がいチェックリスト

以下の設問において、あてはまる項目が３つ以上あったら「パーソナリティ障がい」を疑ってください。

□ 感情の起伏が激しく、ささいなことで激しく怒り出す。
□ 人を傷つけることには無頓着なのに、少しでも自分を否定されると敏感に反応する。
□ 周囲の人に見捨てられるのではないかということを必要以上におそれ、大きな不安を抱いているが、「不安がある」とは言わずに「周囲に問題がある」という表現をする。
□ コミュニケーションが一方的で、なかなか話を聞いてくれない。
□ 自殺をほのめかしたりして、無意識に周囲の注目を自分に集めようとする。
□ 感情の変化が大きく、周囲の人々を振り回すが、本人に悪意はまったくない。
□ 人に対する要求が極端に多い。
□ 無理な要求をしているにもかかわらず、応えられないのは「相手が悪いからだ」と考え、相手に原因があるような錯覚に陥れていく。
□ 理想の自分を妄想して事実のように思い込んだり、周囲に事実でないことをさも事実のように伝え、理想の自分を演じたりする。
□ 何らかの対象に依存しやすい。
□ 判断が良いか悪いかの両極端で、オール・オア・ナッシングの思考をする。
□ 一度得た情報を訂正することが難しい。
□ 自分の考え方や行動が不適切であることに気がつかない。
□ 周囲の人から支援や愛情を受けることを当たり前だと思っている。
□ 自分の行動をどんなときも正当化する。

障がいという診断が下りたらまずはその特性を理解する

医師の診察の結果、パーソナリティ障がい、または発達障がいという診断が下りたら、あるいはかぎりなく障がいに近いグレーゾーンだった場合、まずは**障がいについて調べてその特性を把握するとともに、周囲の人々の理解を得て親が生きやすい環境を整える**ことが何よりも大切です。

大多数の人とは異なるパーソナリティを持っている、または発達の仕方が違っているという前提に立てば、これまでのようにただ反発するだけではなく、たとえば「うちの親はこういうことが苦手だな」や、「こういう状況で気分を害するんだな」と受け入れることができるようになるでしょう。

また、「親子関係がうまくいかなかったのは、自分に非があるわけではなかった」と、あなた自身のメンタルを守る効果もあります。

たとえコミュニケーションを取るのが苦手だったり、喜怒哀楽のポイントが人とずれていたりしても、それがその人の特性であり、単に個性が強いだけで、その人なりのルールに従って生きているのだと理解しましょう。

親がトラブルを起こしてきた周囲の人に頭を下げる

こういったタイプの人が生きやすい環境を整えるため、あなたに配偶者がいる場合は、まずその協力を得なければなりません。子は生まれたときからずっと見てきていますので、親の特性をごく当たり前のように感じるかもしれませんが、配偶者はそうではありません。おそらく事あるごとに

「おかしいな」と思っていたはずですし、そのために嫌な思いをしたことも一度や二度ではないでしょう。

もしあなたの配偶者がそんな思いをしてきたとしたら、一言でも構いませんので、親に代わってこれまでのことを詫びるとともに、**今後は貴重な血縁者以外の目として意見を尊重しながら親との付き合い方に生かしてください。**

また、親が近隣の人々ともめ事を起こしていたら、帰省した際によく事情を話して誠実に謝罪をしておくべきでしょう。「障がいなら仕方がない」と前向きなあきらめがつけば、このように他人に頭を下げるのも割り切ることができるはずです。そして、もし先方にこちらの事情を理解してもらえたら、親も以前よりずっと暮らしやすくなるでしょう。

周囲の適切な理解と支援が不可欠

障がいという言葉をどうしても重く受け止めてしまう人は、これまではよくわからなかった親の特性に名前がついただけと考えてみましょう。

最近の研究によると、パーソナリティ障がいも発達障がいも、周囲の適切な理解と支援があれば本人のストレスが軽減し、暮らしやすくなることがわかっています。もちろん、治療やカウンセリングを受けることもできるわけですから、診断がついたということは**今後の親との付き合い方の〝地図〟を手に入れたも同然といえる**のです。

また、障がいと診断された人に介護が必要になったときは、「要介護認定（184〜188ページを参照）」の調査を受ける際に、障がいのことを伝えてください。個々のケースによっては、そのことが考慮されて認定内容に影響を与えることもあります。

パーソナリティ障がいは、その名称から誤解を招きやすいのですが、決して「病的な人格」や、「性格が悪い」という意味ではありません。くれぐれも偏見を持たないでください。

発達障がいも同様で、「発達できない」という意味ではなく、発達の内容が通常と違っているに過ぎません。あくまでも個性が強いだけと考えて、やはりその特性を理解することに努めましょう。

memo

親の特性を理解して
生活しやすい環境を整える。

介護資金を調べるために知っておきたいちょっとした裏技

親が障がい、またはグレーゾーンだった場合、その特性を理解し、サポートする必要はありますが、かといって同居生活では相当な無理が生じますので、ますますおすすめできません。いずれ介護が必要になったときは、施設に入居してもらうにしても、個室対応や特別なケアが必要になったり、利用できる施設が限定されたりした結果、費用が高額になってしまう可能性が出てくるでしょう。

そのためにも、第2章でお話しした「介護資金の調査」を、きちんと実行してください。

お金の話に持ち込むコツ

ただし、このような親にかぎって、「おまえたちの世話にはならない」「老後のことは大丈夫だから、ほっといてくれ」などと言う傾向がありますので、きちんと話し合いの場を持つのは難しいかもしれません。

それでも、策はちゃんとあります。それは**具体的な数字の話から切り出し、どのくらい得をする（メリットがある）のかを伝えること**です。たとえば、公的な介護施設と民間の介護施設では、10年、20年単位の総額で比べて何千万円も違いがあるとわかれば、たいてい聞く耳を持ってくれるでしょう。そのうえで、62〜72ページに掲載した情報も踏まえて、老後にいくらぐらい必要になるのかを各家庭の事情に合わせて計算し、親に伝えてください。

この段階で、だいたいの資産額が聞けたとしても、まだ安心はできません。株や投資信託、外貨預金などは評価額が大きく変動することもありますし、とくに地方では自宅の売却額もあまり期待できないからです。また、借金や投資の失敗など、子に知られたくない都合の悪いことを隠す親もいるでしょう。このように**実際の資産は想定を下回ることも多いため、親の話をうのみにはできない**のです。

そこで預貯金などの流動資産に関しては、実家の大掃除を自ら買って出て、金融機関から郵送されてきた取引残高報告書などが残っていればチェックしたり、銀行へ行くついでに通帳記入の代行を申し出て親名義の通帳の残高を把握するなど、思いつくかぎりの裏技を駆使しましょう。

不動産の評価額については、固定資産税の納税通知書を見ればわかります。これも預貯金と同じように比較的簡単に把握できますので、それぞれ定期的に確認することを心がけてください。

無理な要求にはきっぱりNOを！

「親の老後は子が面倒を見るべき」と考えている親もいますが、資金調査の必要性と方法については基本的に同じです。

ただし、ストレートに「面倒を見てほしい」と言う親は少数派です。多くの場合、表向きは「子の世話にはならない」と言いつつ、折に触れて「赤の他人に下《しも》の世話をされるくらいなら死んだほうがまし」と困ったことを口にしたり、あるいは「〇〇さんのうちは子どもがちゃんと親孝行している」など、子に罪悪感を植えつけるようなプレッシャーをかけてきたりすることもあるでしょう。

では、親の希望にはそえないけれど、関係を壊さずうまく対処するには、どうすればよいでしょうか。

まず何より、親の言葉にいちいち振り回されず、たとえば「実家に戻る気はない」「代わりに、月に1度は帰省する」「まだまだ子どもにお金がかかるので介護費用を出すのは難しい」など、**できることはできる、できないことはできないとはっきり伝える**ことが重要です。

その結果、たとえ親の怒りを買っても、感情的になってはいけません。あくまで冷静に、根気よく伝え続けていきましょう。そうすれば、いずれ親にも「何度言っても無理なことは無理。でも、いざというときには頼れる存在」と認識してもらえるはずです。

ちなみに**「できること」とは、無理をすればできることではなく、「必ず実現できること」と考えてください。**たとえば、「週に2回は連絡を入れる」と伝えていたのに1回しかできなかった場合、事情はどうあれ親が怒り出すおそれがありますし、要求が段々とエスカレートする傾向もあるからです。

いずれにしても、老後の親の世話は長期戦です。無理をしても長続きはしませんので、くれぐれも注意しておきましょう。

memo

お金に関する話し合いは難しいため自分から動いて介護資金を把握する。

親子や夫婦の〝愛情貯金〟が将来の豊かな関係を築く

愛情というのは、お金と同じように貯金をすることができます。親子関係の場合は、親から受けた愛情を子が少しずつ蓄積し、いずれ時期が来たときに〝恩〟という形で親に報いることになります。そしてこの**〝愛情貯金〟がたくさんあるほど、相手が危機に陥ったときに、何とかして助けてあげたいという感情が湧き起こる**のです。

一方、昔から親子関係がうまくいっていなかった人のなかには、愛情貯金が少ないため、親を助けたい、救いたいと、積極的には思わないケースもあります。だからといって、親を見放していいと言いたいわけではなく、この機会に過去のことを振り返って、愛情のかけらを拾い集めていただきたいのです。

子への愛情がない親は、基本的にはいません。ただ、障がいのせいで、愛情がうまく伝えられなかっただけなのかもしれない……と想像しながら、幼い頃からの親と過ごした日々を振り返ってみてください。その結果、「ひょっとしたら私のことを愛してくれていたのかもしれない」と気づくことができれば、それは〝愛情のへそくり〟としてちゃんと存在していたわけです。そうすれば、これから先、親の面倒を見ていくことにも少しは前向きになれると思います。

この話は、夫婦間にも同じことがいえます。50代、60代の夫婦でも、たとえば配偶者の親に介護が必要になったとき、一生懸命面倒を見ることで、信頼という名の愛情貯金が始まることがあるからです。

もし、あなたのパートナーの親が〝ちょっと困った親〟だった場合、尻込みすることなく、本章の内容を踏まえてきちんと協力し合ってください。そうすることで、自分たちの老後がより豊かになるはずです。

あなた自身も障がいとまったく無関係ではない

現在、パーソナリティ障がい、発達障がいが起こる明確な原因は解明されていません。どちらも大人になってから突然、兆候が現れるというケースはほとんどないようですが、最近の研究によると、発達障がいについては遺伝的要因も関係するという見解が一般的です。つまり、**親が発達障が**

いと診断されたら、子もまた〝ちょっと困った親〟に、いま現在なっている可能性もあるということです。

遺伝的要因を持っていても、それが症状として現れるかどうかは、また別問題と考えられています。それでも、家庭内でコミュニケーションがうまく取れなかったり、あるいは家庭の外でもトラブルを頻繁に起こしたりして日常生活や社会生活に生きづらさを感じている場合は、少し冷静になって「自分も親と同じ特性を持っているのかもしれない」と認識し、自分の特性を理解して向き合いましょう。

memo

親から受けた愛情を再認識して介護に臨む心がけを。

第5章

親の体が不自由になったら

ピロピロピロ……
もしもし
三村です
あら
めぐみ
第3章に登場した
めぐみさん
あのね
一カ月前に
実家の父が
脳梗塞で
倒れちゃったの
大変
だったわね！
後遺症は
どのくらい
残りそうなの？
自分で歩くのは
もう難しいみたい
これからどうすれば
いいのかな……
母は自分が面倒を
みるって言ってるけど
母だって高齢だし……
介護ってホントに
突然やってくるのね
落ち着いて
大丈夫だから

老健▶ P186〜187、P234　「介護は事業」▶ P192〜194

介護の大事なルールは
●介護費用はすべて親の財産から出す
●いまから20年間の計画を立てる
●資金が足りるか調べる
●家族内で介護体制を整える
の4つよ!
連絡
メンバー
20年かあ うちは足りるのかな……
いまはまだ 親がいくら持っているか 知らなくても大丈夫
でも これからきちんと 話し合って 介護資金を 明確にしないと 家庭崩壊を 招きかねないわ
あのとき かおりの お父さんの話を もっと真剣に 聞いておけば よかった
第2章に登場した かおりさん
でも いまさら 言っても しょうがない よね!
そーよ!!

在宅介護の準備▶ P207〜212

④
退居日は○月×日です
老健の退居日が決まったら在宅介護のケアマネジャーを決める！
⑤
ケアマネジャーとケアプランの作戦会議をする！
・ホームヘルパー
・デイケア
・在宅医療
・バリアフリー化
・入浴サービス
・配食サービス
など
ケアマネの○○です
よろしくお願いします
でも
はっ…
在宅介護になったら母一人に任せるわけにはいかないし……やっぱり仕事を辞めなくちゃだめかな……

ケアマネジャー、ケアプラン▶ P189〜191

「介護離職は絶対にしない」▶ P197〜200

まずは
自分の生活を守る
それが介護の
絶対条件よ
自分の
生活費は
自分で
稼がなきゃ
働く!!
うん…
だってね
親の介護は
何年何十年かかるか
わからないでしょ?
それに
いま仕事を
辞めると
将来受け取れる
年金額が
まるで変わって
しまうわ
ガーン…
私の年金…
そっか
けっきょく
「介護離職」
という選択は
自分の老後破綻を招く
ことになるの
そっか
老後破綻…
からっぽ

私
そこまで気づかなかった
知らなすぎ…
大丈夫よ
私がいるじゃない
ありがとう！すごく不安だったから
安心した！
みんな最初は
不安だよ
だから絶対に一人で抱え込まないでね
うん！ありがとう

できるだけ早い段階で要介護認定の申請をすませる

健康だった高齢者が、事故や病気を境に体の自由がきかなくなり、介護が必要になるケースは珍しくありません。たとえば、背骨の圧迫骨折や大腿骨の骨折で歩行が困難になったとき、脳卒中で倒れて体の自由がきかなくなったとき、あるいは認知症が始まったときなど、**日常生活に支障をきたし始めたら、すぐに「要介護認定」の申請をしましょう。**「要支援」や「要介護」がつけば、総額の1割の自己負担（一定以上所得者の場合は2割*または3割）で、介護保険サービスを利用できるようになります。

要支援または要介護の区分は、症状の軽いものから順に「要支援1」「要支援2」「要介護1」「要介護2」「要介護3」「要介護4」「要介護5」という7段階に分かれており、**区分が進むごとに1カ月あたりに利用できる限度額が上がっていく仕組み**になっています。ちなみに、「要支援」とは「要介護ほどではないが、第三者の支援が必要」という意味です。

実際の手続きとしては、まず親の住む市区町村の役所で要介護認定の申請をします。次に、調査員が自宅か病院を訪問し、心身の状況についての聞き取り調査を行います。その後、主治医が作成した意見書をもとに審査判定が行われ、認定結果の通知が自宅に届く、という流れです。

早めに申請をしておく理由

もし親が大学病院などの大きな病院へ入院した場合、基本的には治療が終わると、ほどなくして退院することになります。治療がすんだといっても、入院中に寝たきりの生活が続くと、高齢者は身体的な機能が衰えてしまいます。リハビリができていない状態で病院を出されても、すぐに自宅での日常生活に戻るのは難しい場合がありますので、**遅くとも退院する前までに、リハビリ専門の病院、またはリハビリの機能を持つ老健（介護老人保健施設　※234ページを参照）への入居手続きをしておく**必要があるのです。ところが、老健は要介護認定を受けていないと利用することができません。認定調査を受けてから通知までは、1カ月ほどかかりますので、できるだけ早い段階で手続きをしておいてください。

仮に、申請はすませたものの退院日までに通知が届かなかった場合も、認定調査が終わっていれば、介護保険の暫定利用ができます。ただし、その際に、たとえば「要介護2」で暫定利用をしていて、実際に決定した区分が「要介護1」だったとすると、ランクが下がった分の差額は100％の自己負担となってしまいますので注意してください。

聞き取り調査の日の注意点

要介護認定の聞き取り調査の日は、親の状態を最も把握している人が同席しましょう。たとえば、認知症の人なら聞き取り調査の時間に合わせたかのようにピンポイントで上手に受け答えができてしまうなど、普段の生活ではできないことが、なぜかその日、その時間にかぎってできることもあるからです。

要介護認定の区分の違いは、今後の介護計画に重大な影響を及ぼします。

それをたった数十分、長くても一時間程度の調査で判断されるのですから、いつもと違った状態では困るわけです。また、聞き取り調査では本人の能力のほか、介護にあたる人の数や時間も重要な判断材料となります。本人の普段の様子とともに、周囲の人の力を借りなければ生活がどれだけ困難なのかを、家族から調査員の方にきちんと伝えるようにしてください。

＊65歳以上の一人暮らしの場合、合計所得金額が220万円以上で、「年金収入＋その他の合計所得」が年間280万～340万円未満なら2割負担。340万円以上なら3割負担。また、夫婦の場合は合計所得金額が220万円以上で、「年金収入＋その他の合計所得」が年間346万円以上なら2割負担、463万円以上なら3割負担（2023年1月現在）。

memo

聞き取り調査は最も把握している家族が本人の普段の様子を正確に伝える。

介護の頼もしいパートナー！
ケアマネジャーの仕事と付き合い方

「要介護」と認定されたら、ケアマネジャー（介護支援専門員）を選びます。本人や家族の希望をもとに、**介護保険の利用限度額に収まるように「ケアプラン（居宅サービス計画書）」を作成し、サービス事業者や医療施設などを利用できるように手配する**ことがケアマネジャーの仕事です。

親を入居させたい施設がすでに決まっていれば、そこに直接連絡を取りましょう。入居が決まれば、自動的にその施設に勤務しているケアマネジャーが担当となります。

一方、入居させたい施設がまだない、あるいは在宅介護をすると決めている場合は、認定結果通知の書類に同封されている「居宅介護支援事業所」の一覧表をもとに、家族のほうからアプローチをして、個別にケアマネジャーと契約を結びます。病院も在宅扱いとなりますので、親が入院中でも居宅介護支援事業所に連絡をすれば、ケアマネジャーと契約することができます。

ヒアリング能力の高いケアマネジャーなら、本人の要望だけでなく、家族の意向にも耳を傾け、一緒に考えながら快適な介護環境を整えてくれるでしょう。家族のほうからも**積極的にコミュニケーションを図ることで、離れて暮らしていても安心して親を任せることができる**ようになると覚えておいてください。

合わないと思ったらケアマネジャーを変えることも、もちろんできます。

その場合、親の住む地域にフリーで活動しているケアマネジャーがいれば、ぜひ一度会ってみましょう。理由は、フリーという立場のために勉強熱心な人が多く、さらに特定の施設に縛られず、常に利用者第一の視点でプランを立ててくれるからです。少し手間はかかりますが、今後の長い付き合いのことを考えて、アイデアが豊富でフットワークの軽いケアマネジャーを根気よく探してください。

memo

ケアマネジャーと二人三脚で
親にとって快適な介護環境を整える。

行き当たりばったりはNG
親の介護を早めに現実として捉える

多くの家族は、親の体が不自由になってから、ようやく介護を現実のものとして捉えます。しかし、そのような行き当たりばったりの対応では、とくにお金の面で大きな不安を抱えたまま暮らすことになってしまいます。また、親が望むような環境を整えてあげることも難しくなってしまうでしょう。

「親の介護」という現実から目をそむけたい気持ちはよくわかります。それでも**親一人を介護するのに20年間で4500万〜5000万円、二人ならその倍のお金を投入するのですから、これはもう立派な事業として考**

えるべきなのです。

事業計画を立てるために、まずは「カネ」と「ヒト」を押さえましょう。最初に「カネ」、つまり資金の把握です。第2章の62〜72ページを参考に、介護にいくら使えるのかを明確にしてください。

次に「ヒト」は、家族の組織化です。介護に加わるメンバーやリーダー（中心となる人）を決めて連絡体制を整えましょう。ここは第３章の１３２〜１３５ページ「見守りの役割分担」が、そのまま「介護の役割分担」に変わると考えてください。ただし、誰か一人だけが大きな負担を抱えるような場合は、特別な配慮が必要ですので、次の１９５〜１９７ページを参考にしてください。

最後に、ケアマネジャーにケアプランの作成を依頼します。「どんな介護をしてあげたいか」「お金はいくら用意できるのか」「家族は何ができるのか」をしっかり伝えれば、さまざまな提案をしてくれますので、よく話し合いましょう。

ここまで進めて初めて、資金が足りるかどうかがわかります。なお、介護はいずれ終わりますが、その後、葬儀や四十九日など、さらにお金が必要になるときが来ますので、そこまで見据えた資金計画を立てておくのが理想です。

memo

〝介護は事業〟と考えて家族でしっかりと計画を立てる。

どんなに行き詰まっても介護離職だけはしない

介護体制をしっかり整えたつもりでも、たとえばリーダーの負担が重すぎるなど、労力に大きな不均衡が出てしまった場合はどうすればよいでしょう。

こうしたケースの解決策として検討していただきたいのは、明らかに負担が大きい人には、介護資金の中からきちんと対価を支払うことです。つまり、**報酬を受け取ってもらう代わりに、〝家庭内ケアマネ〟になって、仕事として責任を持って動いてもらうという認識を、全員が共有する**わけです。

そのためにはまず、ケアマネジャーとの連絡や各種契約の手続きなど、こまごまとした雑務を含めて介護に費やした時間をできるだけ数値化し、全員が納得できる金額を算出してください。

そのうえで、報酬のシステムには「死因贈与[*]」を活用しましょう。この制度を使えば、相続人以外でも遺産を手にすることができますので、リーダーが贈与者（この場合は親）の子の配偶者であっても問題はありません。

死因贈与は、贈与者の死亡をもって効力が発生するという点で「遺贈」とよく似ていますが、両者の大きな違いは、遺贈が遺言書による贈与者の一方的な意思表示であるのに対して、死因贈与は贈与者と受贈者の合意によって成立する契約であるということです。

この契約を結ぶ際は、公証役場で公正証書を作成しておくことも忘れないでください。ただし、その場合は、公証人が親の認知能力を疑った時点で無効になりますので、やはり親が元気なうちから動いておくことが大切といえます。

介護離職は選択肢に入れてはいけない

次は少し話題を変えて、介護離職について考えてみましょう。総務省統計局の「平成29年就業構造基本調査」によると、介護・看護のために過去1年間（平成28年10月〜平成29年9月）に前職を離職した人の数は、約9万9000人にのぼることがわかりました。

なぜこれほど多くの人が、介護離職を選択するのでしょうか。おそらく、親戚や周囲の人からの「親を放っておくなんて、とんでもない」という強いプレッシャーを感じるからです。責任感が強く真面目で誠実な人ほど、自分の仕事をあきらめてでも親の介護に専念しようとする傾向が見られますが、**私に言わせれば「仕事を辞めるなんて、とんでもない」です。**

そもそも、仕事を辞めて親の介護に専念して本当によかった、大成功だったという話を聞いたことがあるでしょうか。それどころか、自分の人生の楽しみを奪った親を恨むことのほうが多いでしょう。しかも、会社を辞めれば年金の受給額が大きく減ります。仮に、何とか無事に親の看取りまですませたとしても、そこから待つ自分の長い老後生活を守ってくれる人は、もうどこにもいません。もし介護離職が頭にちらついたら、老後破綻の可能性まで考えて、どうか思いとどまってください。

ただ、一人っ子で誰にも親の介護を頼れない方や、兄弟姉妹のうち未婚者は自分だけで「私が面倒をみないと……」と思い悩んでいる方からは、「そうはいっても、どうにもならないから離職するんだ！」と、一斉に声があがるかもしれません。でも、本当にどうにもならないのでしょうか。

じつは一つだけ方法があります。それは、**ケアマネジャーや地域包括支援センターの窓口など、経験豊富なプロの意見に耳を傾ける**ことです。たとえば、近くの特養に空きがないため、仕方なく仕事を辞めて実家に戻ることを考えている方がいたら、私なら「100キロ〜200キロ先の空いている特養に入居してもらって、月に1、2回ほど、泊まりがけで訪問するだけで十分と考えてみませんか。その代わり親と会っている間だけは、笑顔で過ごしてください。毎日一緒にいて怒鳴り散らすような生活と比べて、どちらが双方にとってよいでしょう」と提案します。本人が「どうにもならない」と思っていても、ほんの少し工夫をするだけで道が開けるケースは少なくありません。本当にどうにもならないのは、お金だけです。だからこそ、介護のために仕事を辞めてはいけないのです。

＊「死因贈与」は贈与の一種ですが、贈与税ではなく、相続税の課税対象となります。

memo

自分の生活は自分で守ることが前提。
そのうえで介護は〝できること〟を全力でやる。

親の症状や希望に合わせて「施設」か「在宅」かを選ぶ

親の体が不自由になったとき、施設に入居してもらうか、あるいは在宅介護を選択するか、大きな決断をしなければいけません。もちろん、家族の事情や本人の性格、希望などによって、施設のほうが幸せな介護生活を送れることもありますし、その逆も当然あります。

ただし、親が認知症を患っていれば、24時間体制の見守りが必要です。本人は火の始末ができませんので、自宅での一人暮らしは不可能です。軽度の認知症ならグループホーム（235～236ページを参照）やケアハウス（235、238～240ページを参照）が、「要介護3」以上なら特養が候補となりますので、これらのなかから入居を検討しましょう。

一方、認知機能さえしっかりしていれば、在宅介護も十分に可能です。離れて暮らしている場合、多くは親に一人暮らしを続けてもらいつつ、在宅介護のサービスを利用することになるでしょう。

施設と在宅（一人暮らし）の大きな違いの一つは、便の後始末です。施設にいればコールボタンを押すだけですぐに誰かが来てくれますが、自宅ではそういきません。ただし、「おむつ替えのタイミング」を最優先事項にするならともかく、自分でホームヘルパーに電話がかけられるくらいの能力が残っていれば、じきに駆けつけてくれますので、あまり深く考えなくてもよいかもしれません。

また、一般的に費用の面では在宅介護のほうが若干安くなりますが、公的な施設に入居できれば、驚くほど差があるわけではありません。

ちなみに、認知機能がしっかりしている親が、自分の家で過ごしたいと希望するなら、その気持ちをできるだけ優先し、在宅介護を第一選択肢として考えてほしいというのが、私の個人的な考えです。そんなことを言うと、「親を一人残して、何かあったらどうするんだ」と言う方もいらっしゃいますが、施設に入居しているからといって、その〝何か〟が起きないわけではありませんし、看取りの瞬間に必ず誰かが付き添えると確約されているわけでもありません。

やはり最期まで自宅で過ごしたいというのが、多くの高齢者の本音ですから、**単純に安全性だけを理由に施設への入居を決めるのではなく、親の**

希望をよく聞き、可能なかぎりその意向にそうことが大切なのではないでしょうか。

快適な介護環境は家族が守る

一方、施設への入居を選択した場合は、必ず定期的に訪問してください。親の異変を見逃さずにすみますし、施設の環境も変わるかもしれませんし、訪問回数によってケアの質に格差が生じる可能性もあるからです。

たとえば、月に数回、必ず誰かが面会に来るAさんと、年に1回しか家族が来ないBさんがいたら、施設の従業員の立場として、どちらをより気にかけるでしょうか。当然、家族の監視の目がしっかり機能しているAさんです。本来あってはならないことですが、これはもう無意識のレベルで差が出てしまうものですから、施設の人を責めても仕方がありません。

また、**親が衛生的な環境で、幸せに暮らせているかどうかを見守ることも、家族の大切な役割です。**施設の介護スタッフによる高齢者虐待のニュースを耳にすることもありますので、とくに認知症の場合は気にかけておきましょう。

もし会うたびに親の表情が暗くなっていたら、体にあざや縛られた痕がないかどうかをチェックしてください。拘束をした場合は、手首や足首、腹部に痕跡が残りますし、ひどいおむつかぶれが見つかれば不適切な管理体制による介護の不行き届きや、時にはネグレクトの可能性も考えられますので、親の体をマッサージしたり、おむつ交換をしたりするなかで、それとなく確認してみましょう。

万が一、家族が親の着替えやおむつ交換をしたいと申し出ても、施設側がかたくなに拒否する場合は「体を見せられない理由があるのか」と、虐待に対するアンテナを立てておいたほうがいいかもしれません。その後、不審感が確信に変われば、施設には「温泉に連れていく」と伝えて自宅へ連れ帰ったり、患部を撮影して整形外科医に相談したりして、親の身を守ってください。

memo

子の事情ばかりを優先するのではなくできるだけ親の意向にそって判断する。

在宅介護を選択したら安全・安心な家づくりを目指す

在宅介護を選択すると、あなた以外の家族や介護サービスの提供者などが、親の世話をするために入れ替わり立ち替わりやって来ます。誰もがスムーズに世話をできる環境を整えるためにも、大掃除をして整理整頓しておきましょう。

最初に手をつけていただきたいのは、**親が車いすで家中を動き回れるようにするために、使っていない物や、これから使わなくなる物を徹底的に処分し、空きスペースを確保する**ことです。実家の片づけは、時間をかければできるというものでもありませんので、手伝ってくれる人たちと予定を合わせて、短期決戦で一気に片づけてしまいましょう。

一般的には家の中でいちばん広く、トイレやキッチンにも近いリビングを親のベッドルームとして使うのがベストですので、本棚やソファ、ダイニングテーブルなどの大きな家具は、すべて撤去しましょう。とくにディスプレイ用のサイドボードなどがあれば、お皿やグラス、洋酒、人形、百科事典など使っていない物が多いと思いますので、残しておいても邪魔なだけです。

次に、意外にスペースを取っている衣服の処分です。介護生活に入ると外出用の服はほとんど着なくなりますので、本人のお気に入りの数着だけを残して押し入れや納戸に収納したり、リサイクルショップなどに売ってしまいましょう。

こまごまとした物では、新聞や雑誌の切り抜き記事、一度も参考にしたことがない料理本やリーフレット、いただき物の使っていないカレンダーなど、**なくても困らない物がリビングにはたくさんあります。**

「もったいないから」といって残しておくと、逆に大きな損失につながることもありますので注意してください。なかなか片づけが終わらないせいで、たとえば病院や老健に入院・入居している親の帰宅が延びてしまえば、それだけ余分に費用を支払わなければいけなくなるのです。

一方、たとえばあなたや兄弟姉妹が小学生時代に作った絵付けのお皿、運動会や文化祭の写真などは「思い出コーナー」を作ってまとめましょう。**〝お金を出しても買えないものだけが貴重品〟と考えて、できるだけ大胆に断捨離を実行してください。**

また、何がどこにあるのかがわからないと、物を探すだけで相当な時間がかかってしまいますので、不用品の処分が一段落したところで整理整頓に移ります。たとえばタオル、シーツ、パジャマなど、よく使う物がどこに何枚（着）あるのかを、はっきりさせておいてください。**中身が見えるクリアケースをいくつか購入し、それぞれの引き出しに入れた物を書いたラベルを貼っておけば、誰が見ても一目でわかる〝可視化収納〟が実現できます**ので、試してみてください。

助成金を使ってバリアフリー化を進める

ここまで進めたら、ケアマネジャーとよく話し合って自宅のバリアフリー化に取りかかりましょう。「要支援」や「要介護」を受けた65歳以上の高齢者が一定の要件を満たせば、20万円までの工事費用の7割〜9割が介護保険から支給されます。また、引っ越しをしたときや、要介護度が3段階以上進んだ場合はあらためて支給を受けることができます。さらに、自治体によっては独自の補助制度を設けていることもありますので、親の住む市区町村の窓口で相談してみましょう。

助成の対象となる工事は、手すりの取りつけ、段差の解消、引き戸等への扉の取り替えなどがありますが、とくに古い一戸建てでトイレが和式だと、洋式化にお金がかかってしまいます。お風呂のバリアフリー化で限度額を超えてしまう場合、「お風呂は訪問介護の入浴サービスを利用する」と割り切るのも一つの方法です。一方、介護保険法がスタートした2000年以降に建てられた分譲マンションは、将来的なバリアフリー改修を考慮して設計されていることが多いため、たいていは助成金の限度額で収まります。

多くの家族は、介護が必要になってから慌てて作業を始めますが、実家の片づけなどは親が元気なうちからでも始められます。いつ親が倒れても困らないように、親が70歳を過ぎたら少しずつ準備を進めるように心がけてください。

memo

不用品は思いきって処分し、親が快適に過ごせる空間を確保する。

親の介護への取り組み方は子どもに引き継がれる

親が介護生活に入ると、残された時間をどのように過ごし、これまでの感謝の気持ちを、どう伝えようかと考えることが多くなるかもしれません。

そこで一つの案として、世の中の状況を考慮しつつ家族旅行を計画してみてはいかがでしょうか。もちろん、要支援・要介護の認定を受けた親を、家族だけで遠方へ連れ出すのは大変ですので、**旅行の間中、親の面倒をみながら、家族と一緒に回ってくれる「トラベルヘルパー」へ依頼してみましょう。**料金については、要介護区分にもよりますが、1日あたり3万～4万円（旅費は別途必要）が目安となります。少し値は張りますが、時期を逃すと親との旅行は本当にできなくなってしまいますので、思い出作りの一環として、ぜひ家族会議にかけて検討してみてください。

また、いつもの姿を映像として記録しておくのもよいでしょう。ビデオカメラで撮ろうとすると、親も身構えてしまうので、スマートフォンやタブレット端末などを何気なく見ているふりをして、気づかれないように撮影するのもおすすめです。何よりその場にいない孫やほかの家族とも共有することができますので、まめに撮るように心がけましょう。そして、いつもの会話の間に、**これまで親に聞けなかったこと、聞いておきたかったことも、ぜひ問いかけてみてください。**それはみなさんの幼少時代のことかもしれませんし、離れて暮らしてからのことかもしれません。いずれにしても、その記憶はかけがえのない日常の一コマとして永く心に残るはずです。

看取りは世代間で連鎖する

親への愛情から、このように「何かをしてあげたい」と思うのは自然な姿なのかもしれません。離れて暮らしていても、親が元気だった頃から〝遠距離恋愛〟の関係を維持してきた親子は、介護が必要になってからもうまくいくケースが多いように感じます。そして、その愛情はあなたの子どもにも確実に引き継がれていきます。

親が愛情をかけて育てた子は、親から自分の子どもの愛し方を学びます。同じように、親が愛情をかけて介護に取り組めば、その子は高齢の家族との関わり方を学び、愛情をもって接することができるでしょう。一方、親の介護を放棄すると、あなたも子どもに見捨てられます。「ああ、自分も同じようにしたな」とそのときに過去を振り返っても、後の祭りです。

このようにして、その家族の看取りのスタイルが作られていきます。つまり、看取りは世代で連鎖するのです。

人への愛情のかけ方は、親が教えるものです。とくに高齢者という社会的弱者に愛情を持つ人に育てば、将来その子は幸せになれるでしょう。**介護では、とかく「親のために」という面ばかりに目が向きがちですが、じつはあなたの背中を見て育つ子どものためでもある**ことを、どうか忘れないでください。

memo

親身な介護は親のためだけではなく将来の子どもの幸せにもつながる。

第6章

早めの〝介活〟で家族みんなが幸せに

ただいまーーっと
第4章に登場したよしえさんの自宅
ふー
ねえ
お義父さん今日少し変じゃなかった?
ん?
何が?
たとえばファミレスで「いつもの和風ハンバーグでいい?」って聞いたら「それってどんな味だった?」って聞いてきたり
忘れただけだろ
和風だっていろいろあるし…

違うよ
どした？
だって
あなたが
「ハンバーグに
醤油ベースの
ソースが
かかってる
やつだよ」
って説明
したのに
ハンバーグ……
和風……
MENU
お義父さん
それがイメージできて
いなかったみたい
……
気にするような
ことか？
大丈夫だろ
これって
認知症の始まり
なんじゃないかな
あした麻子に電話して
相談してみよう
翌日
もしもし
いま
いいかな？
あら
よしえ
何かあったの？

グループホーム▶ P235～236

特養▶ P226〜230、P234 ケアハウス▶ P235、P238〜240

ほかにはどこかないの？
有料老人ホームは待機者数はそれほど多くなくて
探せばすぐにでも入居できるところが見つかるはずよ
ただし一般的に月額利用料金が高額なのよね
加えて数千万円の「入居一時金」が必要という施設も少なくないの
えーそれはムリー
だから「もしも」に備えて早めに介活（介護活動）を始めなきゃいけなかったんだね
しゅん…
そうなのよ！介護はある日突然始まることが多いのそのことに心構えができていない人がほとんどなんだけど

有料老人ホーム▶ P236　介護活動▶ P226〜231

「介護は子育ての逆バージョン」▶ P244〜249

七十代
だったら
大学生から
高校生くらい
70
八十代
になったら
80
中学生
小学生
九十代
になって
一人では何も
できなくなれば
乳幼児と
同じと
思えばいい
ばぶ…
90
知らなかった!
そんな
感じなの!
えー!!

高齢者の介護はこんなふうに子育てとまったく逆に進んでいくの
そーなんだ
へー
だからこそ「親の保護者になる」
そんな強い決意と覚悟が必要よ！
ありがとう！
私もちょっとだけ心構えができたわ
よかった！
また相談してね！

待機高齢者にさせないために親が元気なうちから始めること

極端な話をすると、数億円単位で介護資金が用意できれば、すぐに入居できる高額な施設を利用したり、在宅介護ならホームヘルパーを何人も雇ったりできますので、事前に計画を立てなくても困ることはあまりありません。ただ、そんな家庭はごくまれですので、できるだけ費用を抑えたいと考えるのが普通です。

実際、公的な介護施設のため利用料が安価な特養はたいへんな人気です。厚生労働省の発表によると、2019年の時点で特養への入居申込者（要介護3～5で入居を申し込んでいるものの、調査時点で入居できていない人）は、全国で約29万2000人となっています。

特養は2015年4月以降、原則として「要介護3」以上でないと入居ができなくなった（認知症、障がい、虐待などがあれば例外規定あり）ため、ひと昔前に比べて待機者の数は落ち着いていますが、それでも急速な高齢化による需要には対応しきれていないというのが現状です。

もちろん、自治体ごとに入居倍率には差がありますし、なかには待機者数の少ない施設もなくはありませんが、とくに首都圏では入居まで数年間待つことも珍しくありません。特養を第一選択肢と考えている方は多いため、待機期間が長くなれば、今後の介護計画を大幅に変更する必要も出てきてしまいます。

そこで本書の締めくくりとなる本章では、わが子を保育園の待機児童にさせないために情報入手に奮闘する「保活（保育園活動）」になぞらえて、**親を待機高齢者にさせないために、元気なうちから介護に備えてきちんと施設の情報を集める〝介活（介護活動）〟**を提案したいと思います。

市区町村が発行する広報誌をチェック

まず手始めに、親が住む地域の「区報」や「市報」などの広報誌に、しっかりと目を通してください。たとえば、年度始めの4月に掲載されるその年の予算をチェックすると、介護保険サービス事業などの高齢者政策に、どのくらい予算を投入し、どのような取り組みをしているかを把握できます。インターネットで検索すれば、ほかの自治体の広報誌や介護施設の空き情報なども簡単に確認できますので、ぜひ比較をしてください。その結果、親の住む地域とは別に、手厚い高齢者政策を実施している自治体が見つかった場合、とくに親の家が賃貸なら引っ越し[*]も難しくはありませんので、家族とよく話し合いましょう。

また、広報誌の情報で何より重要なのは、新設される介護施設のことです。とくに新設の特養は、幾分入居しやすくなるので狙い目でしょう。ところが、入居倍率の高い地域では申し込みが殺到し、あっという間に定員を超えてしまいます。

特養では、要介護認定の区分、日常生活の自立度、介護者の介護力など、さまざまな面から算定した点数が一定の水準以上の方は、検討委員会の審査を経て順位が決定されますが、一定の水準未満の方は、基本的に申し込み順となっています。新設の情報は、たいてい1年～1年半前には掲載されますので、「いつ、どこにできるのか」と、常に目を光らせておいてください。

親が元気でも　歳になったら〝介活〟を

「保活」と違って〝介活〟が難しいのは、いつその時期がやって来るのか、誰にもわからないことです。それならいっそのこと**「介護は突然やってくるもの」と考え、遅くとも80歳を過ぎたら〝介活〟を始める**ようにしましょう。どんなに元気そうに見えても、ほとんどの高齢者は80代の半ばを超えると一気に状態が変わってきます。

団塊の世代が80歳以上となる2030年あたりに大量の介護難民が出てしまうことが確実視されているという現実を踏まえ、「情報を制する者が、

〝介活〟を制する」という心構えができたら、まずは第一歩を踏み出したといえるでしょう。

＊自治体によっては、転入届の提出後、一定期間はその地域の介護施設への入居が認められないこともあるため、必ず事前に調べておきましょう。

memo

「区報」や「市報」などに掲載される新設の介護施設の情報をいち早く収集する。

親が住む地域の介護施設をまとめてチェック

介護施設には、設立・運営主体やサービス内容によって、さまざまな種類があります。同じカテゴリーでも入居条件や提供するサービスは一律ではありませんので、ここではあくまでも一般的な特徴として簡単にまとめたいと思います。

社会福祉法人や医療法人、地方自治体などが運営する「介護保険施設」は、費用の安さが最大の魅力です。国や自治体から助成金、補助金などが供給されている「その他の公的な介護施設」も、比較的安く利用することができます。ただし、これらの公的施設は介護区分などの入居条件が厳しく設定されているため、誰でも入居できるわけではありません。

一方、「民間事業者が運営する施設」は、公的な介護施設に比べて費用が高めに設定されている分、充実したサービスが期待できるでしょう。

なお、実際に施設を選ぶときには**食事に対するケアを必ずチェック**してください。単に料理の内容や栄養面だけでなく、**大切なのは食事を楽しんでもらうための工夫といったホスピタリティーの面**です。食事は毎日のことですから寿命に直結します。実際に〝食〟に楽しみが見いだせずに料理がのどを通らなくなり、栄養失調で亡くなる悲しいケースもあります。公的施設なら一定の基準があるのであまり差はありませんが、民間施設は経営母体の考え方によって千差万別ですので確かめておきましょう。

介護保険施設

●特別養護老人ホーム（特養）……在宅介護が困難で、十分な介護が受けられない高齢者が対象。おもに生活介護が中心の施設で、看取りまでの長期滞在が可能。入居条件は、原則として「要介護3」以上。

●介護老人保健施設（老健）……急性期の治療を終えて、安定期にある要介護者が対象。在宅復帰を前提としたリハビリ中心の施設のため、原則的に3カ月程度で退去（または転居）する必要がある。

●介護医療院……2024年3月末に廃止される介護療養型医療施設（療養病床）に代わる施設として2018年4月に新設。要介護高齢者の長期療養と生活支援を目的とし、医療ニーズの高い要介護者の受け入れも可能である一方、住まいと生活をサポートする役割も担う。

その他の公的な介護施設

●**軽費老人ホーム**……家庭環境や経済状況などの理由で家族との同居が困難な高齢者が対象。食事を提供する「A型」、食事を提供しない「B型」、さらに「C型」と呼ばれるケアハウスなどがある。

●**ケアハウス**……軽費老人ホームの一形態。食事の支度などの生活支援が必要な要支援者、または軽度の要介護者が対象。介護サービスが受けられる「介護型」と、必要に応じて外部の業者を利用する「自立型」がある。

民間事業者が運営する施設

●**グループホーム**……おもに軽度の認知症の高齢者が対象。少人数で共同生活を送ることにより、症状の進行を遅らせたり、改善を図ったりする。ただし、自立生活が困難になると退去が必要になることもある。

●サービス付き高齢者向け住宅……「安否確認」「食事提供」「生活相談」などのサービスを提供する賃貸住宅。介護サービスは住宅の運営主体が提供するほか、外部の事業者と個別に契約を結ぶこともある。

●有料老人ホーム………………介護が必要な人が対象の「介護付き有料老人ホーム」は、常駐スタッフによる介護・生活サービスが受けられる。介護が不要な人も入居できる「住宅型有料老人ホーム」は、食事などのサービスは提供されるが、介護サービスは提供されないため、必要に応じて外部の事業者と契約する。また、自立した人のみが対象の「健康型有料老人ホーム」もある。

●**シニア向け分譲マンション**………民間事業者が販売・運営する分譲住宅。高齢者が利用しやすいようバリアフリー化され、コンシェルジュ常駐や娯楽施設完備などの生活支援サービスが整う。サービス付き高齢者向け住宅と違って施設を購入することになるため、家族への譲渡や相続など資産として残すことができるという点も大きなメリット。

ただし、これらの特徴は一般的な傾向であり、実際には各施設によって異なります。詳細は、施設の窓口などに問い合わせてご確認ください。

memo

どこに、どんな施設があり、どのような条件で入居できるかよく確認を。

資金に余裕がない家庭ほど早めに入居の検討を

近隣の施設の情報を整理したら、次にもう一つ情報が必要です。それは親の介護資金です。本書ではしつこいほどお金について述べていますが、手持ちの資金がいくらあるかわからないまま、旅に出る人はいないでしょう。同じように、資金がいくら用意できるのかがわからなければ、何ができて、何ができないのかもわからない、つまり「介護プランは立てられない」とお考えください。

一方、資金が把握できたら、親がどの段階で、どの施設に入居すると資金が足りるのか、がわかるようになります。その結果、特養で数年単位の待機者になると資金面に不安が出ることがわかった場合、**ケアハウスなどの軽費老人ホームへ、元気な（ハードルが低い）うちに入居することも視野に入れておく**ことをおすすめします。そうすれば、親に「要介護3」がついた段階で「施設に入居しながら特養の空きを待つ」という状況を作ることができます。

軽費老人ホームは文字通り、利用料が低く抑えられていますので、ほぼ厚生年金の範囲に収まるでしょう。また、生活リズムや食事のバランスもきっちりしていますので、一人暮らしよりむしろ安心かもしれません。入居条件は中程度の要介護者までのところが多いものの、「要介護3」になったからといってすぐに追い出されることはありません。ただし、施設の数は地方に多いため、親が首都圏にお住まいなら、「近隣」という条件にこだわりすぎないほうがよいでしょう。

こうした戦略が立てられるのは、早めに〝介活〟を始めた家族の特権です。介護が必要になってから慌てて動き始めると、どうしても行き当たりばったりの対応になりますし、途中で資金が底をつくというあまり考えたくないリスクが常に待ち構えることになります。ですから、**施設に関する正確な情報を得て、資金に見合ったプランを早めに立てておく**ことがポイントといえるでしょう。

memo

施設の情報と資金の情報をもとにプランを考えて戦略を立てる。

快適な環境で過ごせる介護施設の見極め方

早めに〝介活〟を始めれば、時間に余裕がありますので、インターネットの情報やクチコミ情報だけでなく、ぜひ候補の施設を下見してご自身の目で確かめてみましょう。ポイントを押さえていくつか回れば、やがて表面上からはわからない施設の隠れた姿が見えるようになるはずです。

まずは基本的なことですが、**整理整頓や掃除の状態**を見れば、ある程度のところはわかってしまいます。施設内が清潔に保たれていて、しかるべき場所にきちんと物が並べられている施設は、介護の現場でも隅から隅まで配慮が行き届くことが多く、親も快適に過ごせると予想できます。反対に、人目につく場所に段ボールが山積みになっているなど乱雑な雰囲気が漂う施設は、さまざまな面で配慮が足りない可能性が高いと考えられます。

次に、**運営サイドの方針や管理体制**です。人材の流動が激しい介護業界では5年~10年で従業員が入れ替わってしまうことも珍しくないため、介護スタッフの人柄や面倒見のよさなどといった、いわゆる〝人〟の面を判断基準にするのは、あまり意味がありません。一方、運営サイドさえしっかりしていれば、どれだけスタッフが入れ替わってもきっちりと教育ができていますので、結果的に入居者への接し方など、その施設が持つ空気感も引き継がれていくことが多いのです。前述の整理整頓や掃除の状態も、元をたどれば運営主体の姿勢や考え方が表れているといえます。また、親と過ごすかけがえのない時間を作ることに心を砕いてくれるかどうかもチェックしてください。たとえばコロナ禍で面会規制が敷かれていたなかでもビデオ通話で部屋や病室とつないでくれたり、あるいは抗原検査をして陰性なら直接面会できるように取り計らってくれたりするところもありました。このような施設なら安心して利用できるでしょう。

意外なところでは、**施設の窓から見える景色**も大切です。とくに寝たきりになると自宅や近所でいつも見ていたような、なじみのある景色に安らぎを感じるものですので、頭の片隅に置いておきましょう。

memo

介護に細かい配慮ができる施設は館内の衛生面にも気を配っている。

大人から少年少女、そして乳幼児へ
介護は子育てと逆方向に進む

20歳未満の人が社会で生きていくためには、「未成年後見人」の存在が必要です。日本の法律では未成年者の高校・大学進学時や、就職のときには、本人だけでなく保護者の同意が求められます。

一般的には、この世に生を受けた瞬間、公的な手続きを経なくても、その子の親は「保護者」という名前の未成年後見人となります。それと一緒で、**親がある程度の年齢に達したら、今度は子が親の保護者になって、その身を守らなくてはいけなくなる時期が来ます。**「人はあるときから子どもに返る」と昔からいわれている通り、一般的に高齢者の体や脳の機能は年とともに大人の水準から少年少女と同じくらいになり、やがて乳幼児のレベルへと、だんだん衰えていくのです。

幼稚園や小学校に入るとき、親は保証人として入学手続きをしてくれたでしょう。同様に、親が介護施設を利用するときは、子が保証人となって入居や通所の手続きをするのです。つまり親の介護というのは、20年間をかけて行う子育ての逆バージョンなのです。

年を重ねるにつれてできないことが増えていく

親が75歳を過ぎたとき、その中身は20歳前後の青年と同じくらいと考えてください。大学生や高校生だと、見た目はもう大人かもしれませんが、たとえばサークルの飲み会で急性アルコール中毒になって救急車で運ばれるなど、親が見守っていないところで、時にとんでもないことをしてしまうことがあります。自分はもう大人だと信じて疑わないだけに、「大丈夫だから、そんなにうるさく言わないで」と本人は言うかもしれませんが、70代後半の方もまさにこんな台詞を口にします。「まだまだ運転は大丈夫」と言っておきながら、アクセルとブレーキを踏み間違えて事故を起こすケースなどは、その典型といえます。

親が80代になれば中学生、85歳を過ぎると小学生と同じくらいです。小・中学生は、近所なら一人で行くことができますが、保護者が同行しない遠出は、まだ難しいでしょう。つまり、保護者の助力が必要な年頃ということです。

また、反抗期を迎えるのも、だいたいこのあたりですが、親も自分の体がだんだんと衰えていうことをきかなくなったり、日常生活に子が口出ししてきたりすることに対して、いら立つことが多くなるでしょう。

さらに、**親が90歳を超えて自分一人でできることがほとんどなくなれば、もう乳幼児と一緒です。**赤ちゃんを育てるためには、ベビーベッド、ベビーカー、ベビーバスなどを買いそろえます。そして、汚れたおむつを取り替え、食事の介助をし、服を着せ替えます。

90代の親を介護するというのは、そうやって子育てで経験したことを繰り返すようなものと考えてください。介護では、ベビーベッドが介護ベッドに、ベビーカーが車いすに、ベビーバスが介護浴槽に、それぞれ変わるだけです。

そしていずれ、看取りのときがやってきます。赤ちゃんが生まれた瞬間、保護者になったのと同じように、今度は保護者として親を送り出し、その務めを終えるのです。

親の言うことに振り回されないために

もちろん、80代や90代でもまだまだ元気で、社会的に活躍されている方もいますが、だからといって「大丈夫」と安心していると、かえって危険な目に遭わせてしまうことが増えてしまいます。ですから、遅くとも親が75歳を過ぎたら、みなさん自身が「親の保護者になる！」という強い自覚を持って見守る、あるいは支える必要が出てきます。そこに気づかなかったり、自覚が持てなかったりすると、いくつになっても親の言うことに振り回されてしまうでしょう。

一方、親が元気なうちから〝介活〟のスタートを切り、「近い将来、こうして親は子どもに返っていく」というイメージを描いておけば、早い段階で心構えもできるでしょう。その自覚が、結局は親を守ることにつながるのです。

memo

「保護者になる！」という強い自覚が親の身を守ることになる。

おわりに

世界を語るキーワードとしてSDGs（持続可能な開発目標）が世の中にすっかり浸透しましたが、この「サステナブル」という考え方は親との付き合い方にも生かすことができます。それは**自分や家族の生活を犠牲にすることなく、次の世代を守りながら誰も疲弊しない介護、つまり〝持続可能な介護〟を目指す**という意味です。長年育んできた親子の愛情があればお世話が苦痛でなくなり、楽しみを見いだすことさえできます。それは間違いなくサステイナブルな介護を後押ししてくれるでしょう。

実際、私は80代の実母と2カ月に1、2回、通院のついでに二人で食事や買い物を楽しんでいます。高齢者の通院介助というのはネガティブな情報を聞かされることが多いため、もともと気が重いものです。だからこそ、私は義務感に駆られるのではなく、母と過ごす時間を楽しむことに決めました。たとえば「あのお店に行ってみたい」と思ったらランチタイムの前後に診察の予約を取ります。お店の場所は銀座、築地、東京駅付近から、たまにお台場まで。ランチでひとしきり昔話に花を咲かせたら、次はデパートでショッピング。それからお茶をして、お土産にケーキを買って帰るというのがいつものパターンです。たっぷり一日がかりになりますが、おかげで最初はおっくうだった通院介助の日が、母と過ごすとても濃密な時間に変わりました。

じつは私の家と母の家は歩いて5分程度の距離なのですが、私が仕事で忙しいため日中会えるのは月に2、3回。でも、だからこそ**適度な距離感**

が理想の親子関係を築き、お互いの愛情を維持させることにあらためて気づかされました。みなさんもぜひ親が元気なうちに関係を見つめ直し、お互いに愛情をかけ合える仲を築いていってください。

ただし、家族愛が豊かな人ほど陥りやすい落とし穴があることにも気をつけなければなりません。それは本書の197〜200ページで詳しく取り上げた「介護離職」です。**「恩返しがしたい」「放っておけない」という親への深い愛情や強い責任感が、サステナブルな介護を妨げる大きな壁として立ちはだかる**というのは、なんと皮肉な現実でしょうか。

もちろん、家庭ごとにそれぞれ事情があることはよくわかりますが、もし介護離職が頭にチラつくことがあれば、まずはご家族できちんと話し合ってください。全員で協力し合えば、できることはぐっと増えます。さらにあなたが一人っ子だったら、「できないことがあって当たり前」と割り切ることも必要になります。

そもそも親の世話をするために、将来的に自分の生活が破綻してしまっては、誰よりも親御さんが悲しむでしょう。あなたと、あなたの家族の生活のためにも、むしろ一生懸命働いてほしいと切に願います。

本書を手にしたみなさんとそのご家族が愛情という名のもとに一致団結し、誰も疲弊しない持続可能な介護を実現することができれば、私自身こんなにうれしいことはありません。

三村　麻子

【参考文献・資料】

『DSM- Ⅳ -TR 精神疾患の診断・統計マニュアル（新訂版）』髙橋三郎ほか・訳（医学書院）
『DSM-5 精神疾患の診断・統計マニュアル』髙橋三郎ほか・監訳（医学書院）
『The Journal of Clinical Psychiatry　July 2004』(Physicians Postgraduate Press)
内閣府「令和２年度 第９回高齢者の生活と意識に関する国際比較調査」
東京都福祉保健局「令和２年度 東京都福祉保健基礎調査『高齢者の生活実態』」
総務省消防庁「令和３年版 消防白書」
金融審議会 市場ワーキング・グループ報告書「高齢社会における資産形成・管理」
生命保険文化センター 2022（令和４）年度「生活保障に関する調査」
厚生労働省「認知症施策推進総合戦略（新オレンジプラン）」
厚生労働省「都市部における認知症有病率と認知症の生活機能障害への対応」
法務省民事局「成年後見制度 ～成年後見登記制度～」
厚生労働省「介護予防のための生活機能評価に関するマニュアル（改訂版）」
警察庁生活安全局「令和３年における行方不明者の状況」
文部科学省ホームページ「特別支援教育の現状」
総務省統計局「平成29 年 就業構造基本調査」
ふるさと納税ポータルサイト　https://www.soumu.go.jp/main_sosiki/jichi_zeisei/czaisei/czaisei_seido/080430_2_kojin.html
日本公証人連合会ウェブサイト　https://www.koshonin.gr.jp
裁判所ウェブサイト　https://www.courts.go.jp
厚生労働省ウェブサイト　https://www.mhlw.go.jp
文部科学省ウェブサイト　https://www.mext.go.jp
相談 e-65.net（そうだんイーローゴ・ネット）　https://sodan.e-65.net
みんなのメンタルヘルス総合サイト　https://www.mhlw.go.jp/kokoro/
発達障害情報・支援センターウェブサイト　http://www.rehab.go.jp/ddis/
みんなの介護　https://www.minnanokaigo.com

監修者紹介

三村麻子（みむら・あさこ）

「株式会社チャプター・ツー」代表取締役。故人と家族が最後に過ごす時間を大切にするセレモニーホール「想送庵カノン」を運営する「あなたを忘れない株式会社」を立ち上げる。「介護は突然始まるわけではなく、20年かかる子育ての逆バージョン」というポリシーのもと、高齢者には「70歳になったら始める老い仕度のすすめ」を、高齢者を支える家族には「疲れない介護」「家族が幸せになる看取り＆葬送」を提案。看取りの水先案内人（看取りサポート）として家族に深く関わるスタイルはほかに例がない。講演会や書籍を通して高齢者と生きる家族の悩みをサポートしている。現在、民生委員としても活動中。著書に『初めて喪主になる人のための親を心から見送る葬儀ガイド』（カンゼン）、共著に『親が死んだ5分後にあなたがしなければならないこと』（永岡書店）など。

漫画家紹介

ほりみき

滋賀県生まれ。イラストレーター、漫画家。94年、名古屋造形芸術大学（現・名古屋造形大学）卒。歯科衛生士として勤めながら、雑誌・書籍・広告などでカットやイラスト、漫画を発表している。趣味はゴスペル。05年にパニック障がいの発作を経験し、07年に心療内科でパニック障がいと診断された。著書に『もう大丈夫パニック障害でもがんばれる！』（講談社）。また、作品を寄稿した書籍に『Farmer's KEIKO 農家の食卓 ～パッと作れる野菜ごはん～』（Farmer's KEIKO著・講談社）、『東大フカシロ式 賢い脳をつくるスポーツ子育て術』（深代千之著・誠文堂新光社）、『産後、つらくなったら読む本』（やまがたてるえ著・合同出版）、『Dr.明橋の生きるのが楽になるたったひとつの言葉』（明橋大二著・主婦と生活社）などがある。

本文デザイン………… 白土朝子
編集協力……………… 山川英次郎

初出　本書は『親には一人暮らしをさせなさい』（2015年、永岡書店）に加筆修正を行い、改題・文庫化したものです。

※本書は、2023年1月現在の情報をもとに作成しています。法改正などによって制度が変更になることもありますので、最新情報については各自治体などの窓口にお問い合わせください。

離れて暮らす親と上手に付き合うための本

2023年2月10日　第1刷発行

著者 ………………… 三村麻子
発行者 ……………… 永岡純一
発行所 ……………… 株式会社永岡書店
〒176-8518　東京都練馬区豊玉上1-7-14
代表☎03(3992)5155
編集☎03(3992)7191

DTP ………………… 編集室クルー
印刷 ………………… 誠宏印刷
製本 ………………… コモンズデザイン・ネットワーク

ISBN978-4-522-45413-8　C0177
落丁本、乱丁本はお取り替えいたします。